トラブル事例で学ぶ

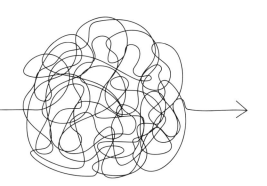

失敗しない相続対策

改訂新版

吉澤　諭

吉澤相続事務所　代表取締役

はじめに

「争族（争続）」と書いて「そうぞく」と読みます。初めて聞いたときは「うまいこと言うな」と思いましたが、今では言葉としてすっかり定着したように感じます。それほど、争族が多いのだと思います。

「この先 10 年、マーケットが拡大し続けることが確実」と言われているのが相続です。2017 年の死亡者数は 134 万人余り、この数が 2040 年には 167 万人まで増えると予想されています。しかも、2040 年前後の死亡者数はずっと 160 万人台で"安定的に"推移していきます。

一方、生まれてくる子の数は年々減っていき、2017 年に 94 万人だった出生数が、2040 年には 80 万人まで減ると予想されています。

つまり、日本は「人口の減少」と「高齢化の進展」がかつてない速度で進んでいる最中にあるわけで、結果的に様々な業界の目がパイの大きな相続ビジネスへ向かうのは必然ともいえます。

相続対策には、①遺産分割対策（争族対策）、②相続税納税資金の確保（相続税納税財源対策）、③相続税対策（節税）の 3 つがあるといわれています。この中で世間の関心が一番高いのは、圧倒的に③の相続税対策、いわゆる節税です。個別相談を実施すると、10 件中 9 件が相続税の相談であることも珍しくありません。気持ちはわかります。少しでも払う税金を安くしたい、負担を軽減させたいと願うのは、ある意味仕方ありません。

しかし、一番難しいのは、間違いなく①の遺産分割対策です。相続税にはルールがあり、ルールに精通していれば、それなりに税負担を軽減させることが可能です。ところが、争族に塗る薬はありません。

こうすれば絶対にもめない、こうやれば必ず相手が納得する、という法則はありません。常に相手の立場や空気を読み、手探りで歩み寄り、何とか落とし処を探っていくのが遺産分割です。

　相続に正解はありません。「良し」と思えばそれが正解だし、同じ結果でも「嫌だ」となれば不正解です。ですから、1＋1が必ず2になると思っている人には、相続は向いていないかもしれません。

　そもそも、相続は問題すら出されていないケースがほとんどです。人によって問題が異なるからです。まず、何が問題なのかを洗い出し、そのうえで解決策を見いだしていく必要があります。しかし、ようやく提案した解決策は人によって受け止め方が異なります。良かれと思って提案しても、採用されないこともあります。悲しいことですが、それが相続の現場で繰り広げられる現実です。ビジネスとしての相続は、マーケットの安定性と拡大性から魅力的に映りますが、本気で取り組もうと思った場合、それなりに覚悟がいる業務だと思っています。

　相続に関するセミナーや研修を依頼される場合、よく「成功事例の紹介をお願いします」と言われます。皆成功したいのですから、上手くいった事例を聞きたい気持ちはわかります。しかし、成功事例って、結局何が決め手となったのか、後で考えてもよくわかりません。提案内容が良かったのか、タイミングが良かったのか、先方の機嫌が良かったのか、ライバルが失敗したのか、粘ったのが功を奏したのか、一つの理由なのか合わせ技なのか、合わせ技の場合、その割合はどうなっているのか…。同じ相続案件は二つとないだけに、成功事例を次の案件に活かそうにも再現性が乏しく困ってしまいます。僕は、「ほとんどの成功事例は偶然の産物」と考えているので、成功事例を語ること

はまずありません。

　ところが、失敗事例には必ず理由があります。相手の本心を汲めなかった、商品が劣後していた、実権者が別にいた、タイミングが悪かった、知識やスキルがなかった、思い込みが激しかった等、あとで反省すべき材料がたくさん見つかります。そこを一つひとつ克服していくことで、現場に強い真のコンサルタントへの道が切り開けると考えています。

　本書には、こうしたトラブル事例、失敗事例ばかり 23 ケース掲載しました。どれも「あの時こうしておけば」「自分だったらこうするのに」と考えることができる事例です。ぜひ、「自分が事例の当事者だったらどうするか」を考えながら読んでください。自分事化して考えることで、提案センスが劇的に磨かれていくことでしょう。

2019 年 2 月　　　　　　　　　　　　　　　　　　　　吉澤　諭

　2019 年 2 月の初版発刊以降、相続をめぐっては、民法、不動産登記法、税制など多くの改正がありました。特に、配偶者居住権や遺留分侵害額請求、相続土地国庫帰属制度、相続時精算課税制度、相続前贈与の加算期間の延長などは相続実務に多大な影響を与える改正です。

　そこで今回、5 度目の重版に際し、令和 5 年度税制改正など最新情報を加えたうえで内容をアップデートし、改訂新版として刊行することにしました。本書が相続をめぐる様々なトラブルを回避する一助になれば幸いです。

2023 年 8 月　　　　　　　　　　　　　　　　　　　　吉澤　諭

CONTENTS

第2章　相続税対策のトラブル事例

第3章 納税資金・その他のトラブル事例

※本文中に＊が付いている用語は、「用語解説」で取り上げています。

第 1 章

遺産分割 の トラブル事例

	遺産分割				
	+生前贈与	+遺言	+不動産	+生命保険	+その他
					投資信託
		●	●		
			●		
	●				
				●	自社株
	●				
			●		ローン
					介護
	●				自社株
			●		
		●			介護
		●	●		相続人
			●		分割やり直し

『相続した投資性商品の時価が下落したことで争族に発展』

トラブルの経緯

　株式投資等の資産運用が大好きだった父が死亡した。遺産である有価証券や投資信託（以下、「株式等」という）の時価は1億円、相続人は息子3人であった（図表1）。

　長男は株式投資について多少知識があったものの、二男と三男はまったく投資経験がなく知識も興味もなかったため、税理士から「株式等の投資性商品1億円は長男がそのまま相続し、そのうえで長男から二男と三男へそれぞれ3,300万円ずつ代償金を交付する遺産分

図表1 親族関係図

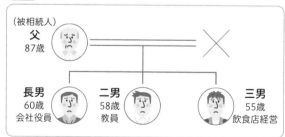

割 (代償分割) *1 方式がよいのでは」と提案され、そのとおり合意した。

　ところが、長男が代償金を支払うため相続した株式等を解約しよう
としたところ、株式市場に大きな変化があり、遺産分割に合意した際
1億円あった株式等の時価が 8,000 万円まで下落してしまっていた。

　そこで長男は、「今 8,000 万円の価値しかないのだから 1 人 2,600
万円 (≒8,000 万円÷3 人) ずつ支払えばいいだろう」と主張したが、
二男と三男は「遺産分割協議書に記載されているとおり、それぞれに
3,300 万円ずつ支払ってほしい」と譲らず、争族に発展してしまった。

どうすればよかったのか

　遺産に「値動きがある財産」が含まれているため、遺産分割を話し
合う前に、前提となる条件について合意しておくべきであった。

　本件の場合、事前に合意しておく必要がある前提条件は、①基準と
なる日と、②基準となる価格である (図表 2)。

　①基準となる日を決めずに話合いを進めてしまうと、話合いの最中
に発生した値動き等により話合いのベースが不明瞭になり、いつまで
経っても遺産分割が成立しない状態が続いてしまう。

　また、②基準となる価格についても決めておかないと、何をもって
平等・公平とするのかが決まらず、相続した財産の種類によって「得
した」「損した」という状態が続き、結局遺産分割が成立しない状態
が続くことになってしまう。

　事前に前提条件に合意しておけば、スムーズに遺産分割の方法 (現

図表2 遺産分割前に合意しておくべき前提条件

①前提となる「基準日」を決めておく
②前提となる「価格」について決めておく

物分割、代償分割、換価分割）の選択へ移行することができたであろう（図表3）。

解　説

　相続人である息子3人は元々仲が良く、当初遺産分割の話合いは順調に進んだ。父の遺産のうち不動産について、自宅は長男が、駐車場は二男が、賃貸アパートは三男がそれぞれ相続することで合意した。

　自宅は同居している長男が相続することで、一定の要件のもと、小規模宅地等の特例「特定居住用宅地等[*2]」の適用を受けることができ、土地評価8割減額のメリットを享受することができる。また、二男が相続した駐車場もアスファルト舗装等の構築物が施された土地だったため、三男が相続したアパート敷地同様、一定の要件のもと、小規模宅地等の特例「貸付事業用宅地等[*2]」の適用を受けることができ、土地評価5割減額のメリットを享受することができる。

　なお、定期預金は解約して現金化し、3分の1ずつ分けたうえでそれぞれの相続税納税原資とし、残りは税理士報酬や不動産の相続登記（所有権移転登記）費用として使用することにした。

「相続税」と「相続」は似て非なるもの

　問題は株式等の投資性商品であった。長男は商社勤務のため、ある程度の金融知識を有し、自身でも株式等の投資経験があったが、二男

図表3 遺産分割の方法

①現物分割…遺産そのものを現物で分ける方法（共有分割も現物分割の一つ）
②代償分割…相続分以上の財産を取得する代償として他の相続人に自己の金銭等を交付する方法
③換価分割…遺産を売却等換価処分し、その金銭を分ける方法

は中学の教員、三男は飲食店経営の自営業者であり、ともに投資経験は一切なく、また株式等の投資に興味もなかった。

そのため、税理士が提案した代償分割方式に特段の異論はない。投資経験の有無、事務手続き負担の軽減に照らしてみても、代償分割方式は理にかなった方式であったといえる。

しかし、そこに想定外の「市場の乱高下」が発生してしまった。

長男は「今解約したら8,000万円にしかならないのだから、均等に分けるなら2,600万円でいいだろう。一人3,300万円ずつ支払ったら手許に残る株式等が1,400万円になってしまう」と主張したが、二男や三男は「父が死亡した際に1億円の株式等があり、相続税申告書にも『株式等1億円』と記載があるのだから、今株価が低迷しているといっても、それはたまたまであり、いつか回復する可能性もある。しかも、父の遺産である株式や投資信託を今解約しなくても兄自身の固有の財産から代償金を支払う手もあるはずだ」と主張し、話合いは平行線となってしまった。

ところで、遺産分割を学ぶに際し、「相続税」と「相続」は似て非なるものであることを理解しなければならない。

「相続税」は〈税法〉である。税法では、「相続発生日における相続税評価額」を基準に税金を計算し、決められた時期および方法で申告し納税しなければならない旨が定められている。

一方、遺産分割に代表される「相続」そのものは〈民法〉にそのルールが定められている。その基準は「話し合ったときの時価」である（図表4）。

図表4 「相続税」と「相続」の違い

「相続税」…相続発生日の相続税評価額	
「相　続」…遺産分割を話し合ったときの時価	

遺産分割不成立でも期限内申告・納税は必須

さて、遺産分割が成立しなかった場合にどうなるか考えてみよう。

相続税申告期限内に遺産分割が成立しなかった場合でも、相続税の申告および納税は必須である。しかし、その場合、小規模宅地等の特例は適用とならないため、相続人である息子3人が協力して高い相続税を納めることになってしまう（相続税申告の際、「申告期限後3年以内の分割見込書」を提出しておけば、相続税申告期限後3年以内に遺産分割が成立した場合、一定の手続きにより納め過ぎた相続税の還付を受けることができる）。

また、当事者間の話合いにより遺産分割が成立しなかった場合、調停や家事審判（裁判）等家庭裁判所関与のもとで遺産分割手続きが行われることになる。

前述したとおり、遺産分割は、話合いを行ったときに株価が下落していれば、その下落した価格を基準に話し合われるため、その部分は長男の主張が通る可能性が高い。

一方、調停が成立せず（不調に終わり）、家事審判となった場合、審判官が選択する遺産分割方法の優先順位は、まず「現物分割」であり、株式等を銘柄ごとに分けることが可能であれば、二男も三男も株式等の現物を相続することになってしまう可能性がある。

また、審判官が「長男が株式等の投資性商品をすべて相続したうえで二男および三男へ代償金を交付する代償分割方式」を採用した場合でも、代償金の割賦払いは原則認められていないため、長男が代償分割を希望するのであれば、なんらかの手段により自ら資金を調達し、二男および三男へ一括して金銭等を交付しなければならない。

このあたりのことを念頭に、なんとか申告期限内に遺産分割が成立

するよう、譲り合いの精神を持って話し合うことが重要である。

　本事例は、相続税申告期限ギリギリになって奇跡的に株価が回復し、当初の代償分割案どおりに手続きでき、事なきを得た（図表5）。"神風"が吹かず、あのまま株価が低迷していたら…と思うと胃が痛くなる。

　本事例は、前提条件について合意するどころか、その話合いすらせず具体的な分け方に進んでしまったため、なるべくしてトラブルに発展したといわざるを得ない。

図表5 遺産分割結果（最終）

	長男	二男	三男	備考
自宅	○			小宅▲8割
駐車場		○		小宅▲5割
アパート			○	小宅▲5割
定期預金	1／3	1／3	1／3	納税資金
株式等	1億円			
代償金	▲6,600万円	3,300万円	3,300万円	

※「小宅」＝小規模宅地等の特例

> **本事例から学ぶ教訓**
> ① 遺産に値動きがある財産が含まれている場合は、分割の話合いの前に、前提条件（基準日と価格）を決めておく
> ② 相続税申告期限までに遺産分割が成立しなかった場合のデメリットを考慮したうえで話合いを行う

『曖昧な遺言書が原因で兄弟が不仲に』

トラブルの経緯

　母が死亡し、相続人は長男と二男の2人。長男は母と同居し、二男は別世帯であった（図表1）。

図表1 親族関係図

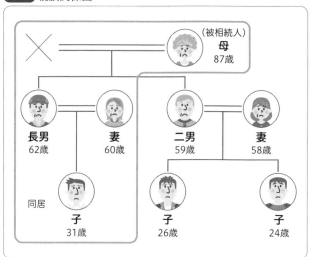

母は、子どもたちがもめないようにと考え、「全財産を息子2人に2分の1ずつ均等に相続させる」と記載した公正証書遺言を作成していたが、母の財産の過半は自宅不動産であり、遺言どおり2分の1に分けるための方法（選択肢）が複数存在していたため、そのまま実家で家族と暮らしたい長男と、実家を売却して遺言どおりきっちり2分の1に分けてほしい二男との間で「2分の1ずつ均等に」の解釈を巡り意見がぶつかり、外野を巻き込む形で話合いが長期化。日ごろ仲の良かった兄弟の仲に亀裂が生じてしまった。

どうすればよかったのか

母が子を平等に扱い、不公平のないよう仲良く均等に分けてほしいと願う気持ちはよくわかるし、その想いを母が遺言に遺してくれれば（本来であれば）子にとって大変ありがたい話であるが、本件はその文言や内容に配慮が足りなかった。

特に、物理的に分けることが困難な不動産について「2分の1ずつ均等に」と記載した場合、何をもって均等なのか、どうすれば均等になるのかなどそもそもの定義からして曖昧なため、その解釈を相続人に託してしまうとそれぞれの思惑の中で勝手な判断が生まれ、結果として紛争につながってしまう場合がある。

まさに、「遺言があるからこそもめる」パターンの一つであろう。

本件のようなトラブルを回避する方法として、例えば、遺言書に「自宅土地建物は長男へ相続させる。ただし、長男はその代償として二男へ金○○円を交付する」と具体的かつ明確に記載する方法が考えられた。

その際、遺言書の「付言」に本遺言書を作成した背景や心情を記載

しておけば、子どもたちが母親の遺志を汲み取ることができたであろう（図表2）。

解　説

　被相続人である母は5年前に夫を亡くし、夫の財産はすべて母が相続している。母が所有する財産は自宅土地建物と金融資産だけであった。

　平成27年の相続税基礎控除額の引下げに伴い大相続ブームが起こる中、母は友人に誘われ参加した銀行主催の「相続セミナー」で「も

図表2 遺言書（案）

第1条　遺言者は、次の不動産を遺言者の長男○○○○（昭和××年×月×日生）に相続させる。

記

(不動産の表示)
(1) 土　地
　所　在　　東京都○○区○○町○丁目
　地　番　　○○番○
　地　目　　宅　地
　地　積　　123.45平方メートル
(2) 建　物
　所　在　　東京都○○区○○町○丁目○番地
　家屋番号　67番8
　種　類　　居宅
　構　造　　木造瓦葺2階建
　床面積　　1階　123.45平方メートル
　　　　　　2階　123.45平方メートル

第2条　長男○○は、本遺言書第1条に定める財産を取得する負担として、金2,000万円を遺言者の二男△△△△（昭和××年×月×日生）へ支払うものとする。

＜付　言＞
　自宅を長男○○へ相続させたいと考えたのは、長男○○が長年同居し老後の面倒を見てくれたことへの感謝の気持ちを表し、かつその貢献に報いたかったからです。
　色々と大変だったと思いますが、おかげさまで楽しく、かつ安心して暮らすことができました。ありがとうございました。

めないように遺言書を作成しましょう」と言われ、自身が高齢なこともあり、相続対策の一環として遺言書の作成を検討した。

書店で購入した専門書に「相続人が子2人の場合、法定相続割合はそれぞれ2分の1ずつ」と書かれていたため、元々息子2人に差をつけることなく常に平等・公平をモットーに子育てしてきた経緯から、迷うことなく「全財産を息子2人に2分の1ずつ均等に相続させよう」と考えた。そこで、最寄りの公証役場に出向き、その旨の公正証書遺言を作成した。

ところで、母が参加したセミナーで「もめないように遺言書を作成しましょう」と言われたそうだが、果たして遺言書を作成すれば本当にもめないのだろうか？

筆者は何件もの遺言作成をサポートしてきたが、そこで得た結論は、「遺言があってももめる」である。

想像してほしい。例えば、日ごろから仲が悪い兄弟2人が相続人だとして、どちらか一方がより多くの財産を相続できる旨の遺言書が遺されていたら、もう一方は「親の遺言だから仕方がない」と素直に納得するだろうか？

一生懸命親の介護に汗を流してきた娘と、お見舞いにすら来ない息子が相続人だとして、親が「男だから」の理由で息子に自宅を含む財産の過半を相続させる旨の遺言書を作成していたら、娘は「女だから仕方がない」と割り切れるだろうか？

「遺言書を作成しても人の気持ちは変えられない」「遺言書があっても不仲が仲良しになることはない」、これが実務経験を通じて得た筆者の感想である。

もめない家庭は遺言の有無に関係なくもめないし、もめる家庭は遺言があってももめる、これが現実だ。もちろん、遺言があったからも

めなかった家庭もあるだろうからそのすべてを否定するわけではないが、「遺言があったらもめない」は勘違いに近い。

遺言書があればもめても相続手続きが進む

では、遺言作成のメリットはどこにあるのだろうか？ それは「もめても相続手続きが進むこと」である。もちろん、遺言者の意向や希望、心情や背景等が相続発生後に形として残ることは大いに歓迎すべきことであるが、一方、相続税がかかる場合、何があっても相続発生後 10 ヵ月以内に相続税を申告納税しなければならず、もめて遺産分割協議が成立していないからといって猶予されるものではない。

もし 10 ヵ月以内に遺産分割協議が成立しないと、「配偶者の税額軽減*3」も「小規模宅地等の特例*2」も適用とならず、高い相続税を負担することになってしまう。文言に気をつけた法的に有効な遺言書があれば、遺産分割協議を経ることなく「配偶者の税額軽減」も「小規模宅地等の特例」も適用でき、相続人の負担を大きく軽減させることが可能だ。

また、平成 28 年 12 月 19 日付の最高裁判決のとおり、預金も遺産分割の対象であり、遺産分割協議が成立しないと母の預金を引き出すことができず、相続税納税資金や葬儀代等の費用をどこから調達するかの問題が生じてしまう。法的に有効な遺言があれば（金融機関にもよるが）、預金の名義変更等の手続きを進めることができる。

そもそも相続は遺産分割協議が成立しない限り終わらない。

長男が自宅に住み続けるには二男への代償分割が最適

さて、母がこのような遺言書を遺した以上、兄弟 2 人でなんらかの答えを出さざるを得ない。特に、相続税申告期限内に自宅を長男が

相続することができれば、長男は同居親族として小規模宅地等の特例「特定居住用宅地等」の適用を受けることができ、相続税をゼロにすることができる。何とか申告期限内に話合いをまとめたいところである。

遺言を遵守することをベースに検討した具体案は図表3のとおりだ。

①兄弟共有名義にする案は、母の遺言内容は守られるものの、将来建替えや売却等を行う際に足並みが揃わなかったり、地代や家賃を支払うのか否か等の問題があり、また、兄弟自身に相続が発生した場合、兄弟の子、つまり従兄弟同士の共有状態となるため、極力避けたい案である。

②土地を分筆しそれぞれが2分の1ずつ単独所有する案は、自宅が「敷地面積の最低限度が80㎡（約24坪）」と定められている地区にあったことから、2筆に分筆することができず（自宅土地は100㎡（約30坪））不可能であった。仮に分筆できたとしても、既存家屋の取壊しや建替え等の問題があったため、実現は難しかったと思われる。

③売却し金銭で分けられれば話は早いのだが、長年暮らした実家を手放すのは長男にとってつらい選択であり、何とかして実家を残す方法を模索することにした。

図表3 遺産分割の方法

	メリット	デメリット
①現物分割（共有）	長男は転居不要	地代や家賃が発生
②現物分割（分筆）	土地が広ければ家屋の取壊し不要	長男が一時的に転居
③換価分割（売却）	均等相続になる	長男転居
④代償分割	長男は転居不要	長男に資金負担発生

最終的に、④代償分割の方法を選択することになった。本来であれば自宅不動産の時価 4,000 万円の 2 分の 1 にあたる 2,000 万円の金銭を長男が二男へ交付するところ、先に死亡した父の介護や長年母の老後をみてきた貢献等を勘案した代償金を 1,800 万円と設定し、かつその支払いを月々 15 万円の分割払いとすることで合意した（15 万円×12 ヵ月×10 年＝ 1,800 万円）（図表 4）。

図表4 遺産分割結果（最終）

(万円)

	時価ベース		相評ベース（小宅前）		相評ベース（小宅後）	
	長男	二男	長男	二男	長男	二男
自　宅	4,000		3,000		600	
定期預金	500	500	500	500	500	500
代償金	▲1,800	1,800	▲1,800	1,800	▲1,800	1,800
合　計	2,700	2,300	1,700	2,300	0	2,300

※「相評」＝相続税評価額
※「小宅」＝小規模宅地等の特例

本事例から学ぶ 教訓

① 曖昧な文言の遺言書作成は避けるべき。気持ちは伝わるものの具体的に手続きできない遺言は、かえって相続人を困らせる結果となる
② 遺言があっても、もめる。遺言を作成しておけば、もめても相続手続きが進むことが大きなメリットであると理解すべき

自筆証書遺言の方式緩和

かつて自筆証書遺言は、文言をすべて自書しなければならなかったため、相当な労力が必要であり、高齢者の負担が重いことが問題視されていた。また、加除訂正も厳格であり、遺言者の誤った訂正により、加除訂正する前の文言が有効とされ、遺言者の最終意思が反映されないこともあった。

そこで、高齢社会に合わせ、使い易い制度とすべく、平成30年7月6日に成立（平成30年7月13日公布）した「民法及び家事事件手続法の一部を改正する法律」により、以下のとおり改正され、平成31年1月13日に施行となった。

①財産目録を添付する場合、その財産目録は自書不要
　・財産目録は、ワープロ作成、第三者による代筆でもよい
　・登記事項証明書、預貯金通帳や証書の写しを添付してもよい
　・すべての財産目録に、署名および押印が必要
②加除その他変更する場合、遺言者がその場所を示し、変更した旨を付記して署名し、かつ変更の場所に押印しなければならない
　・財産目録の加除訂正は自筆によらない方法でも構わない

『土地の価額の違いから互いの主張が交錯。一体この土地いくらなの?』

トラブルの経緯

　父が死亡した。相続人は長女と長男の2人(図表1)。父は遺言を作成していなかったため、相続人である子2人で遺産分割協議を行うことになったが、その前提は①均等に相続すること、②父が生前言っていた「土地が二つあるから、仲良く一つずつ分けなさい」を守ることであった。

　当初、税理士が算出した相続税評価額を基準に話合いを始めた。ところが、二つある土地の時価に大きな開きがあったため、どちらがど

図表1 親族関係図

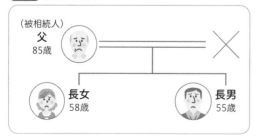

の土地を相続するか、価値の低い土地を相続した子は価値の高い土地を相続した子からいくらもらえば釣り合うのか、均等というのは額面か税引き後かなど、前提条件を守ろうにも具体的な分け方、相続の仕方、代償金＊1の額等が決まらず、互いの主張が交錯しもめてしまった。

どうすればよかったのか

　まず、不動産の数は「二つ」だとしても、世の中に同じ不動産は「二つ」ないことを理解し、均等は「数」ではなく「価値（時価）」を基準にすること、価値に差が出た場合はそれに見合う代償金で精算することに合意してから話し合うべきであった。

　また、①相続税は「相続税評価額」で申告・納税するのに対し、遺産分割は「時価」を基準に話し合うべきものであり、ベースとなる額が異なること、②不動産には「時価」「公示地価」「基準地価」「相続税評価額」「固定資産税評価額」等、用途や利用目的によって色々な指標があること、③同じ不動産でも人により価値の捉え方（大小）は様々であること等について理解し、どの数字を用いて話し合うかについても合意しておくべきであった。

解　説

　遺産分割の対象となった土地は、①都内にある被相続人の自宅（相続人の実家）と、②郊外の駐車場であった（図表2）。

　同じなのは地積だけで、形も環境も利用状況もすべて異なっていた。これではいくら父が「土地が二つあるから、仲良く一つずつ分けなさい」と言っていたとしても、さすがに「はい、わかりました」とはな

らないだろう。

　さらに、相続人である子2人はそれぞれ都内に持ち家を有しており、郊外の駐車場に魅力を感じていなかった。また、都内の元実家を相続したとしても自分たちで使用する予定はなく、孫世代にも当面使用する予定はなかった。

図表2 遺産分割の対象不動産

	①都内にある被相続人の自宅	②郊外の駐車場
地　積	50坪	50坪
地　形	整形地（間口12メートル×奥行14メートルの長方形） **幅員5m**	不整形地（間口5メートル×奥行20メートル、奥に行くに従って広がっていく扇形） **幅員4m**
建　物	築40年超の木造2階建てあり	なし
開発経緯	大手不動産会社が開発し分譲した宅地	昔からの宅地
道　路	幅員5メートルの区道に南側が12メートル接道	幅員4メートルの市道に西側が5メートル接道
駅からの距離	徒歩8分	徒歩17分
周辺環境	戸建て中心の閑静な高級住宅街	田畑と住宅（戸建て、アパート）が混在しているエリア、空き地も多い
取得した経緯	父が自宅として40年前に購入	母方の実家が取引先からの要請を受け取得した土地、母死亡時に父が相続
路線価	坪100万円	坪40万円
相続税評価額	5,000万円	1,500万円 （不整形地等画地補正後）
取引事例	坪200万円（更地）	直近1年以内に取引事例なし
想定時価	10,000万円	1,000万円

「話合い時の時価」が基準だが時価の算定は難しい

土地には「1物4価」といわれるほど色々な価額が存在することは前述したが、今回の事案の場合、最初に税理士が算出した相続税評価額を話合いの基準とした時点で争族の兆しがあった。

相続税は、「相続発生日」の「相続税評価額」が基準となる。土地については、国税庁が定める「財産評価基本通達」により、「市街地的形態を形成する地域にある宅地は路線価方式で評価する」(第2章第2節11)と定められている。

路線価は「相続税を計算するうえでの土地(宅地)評価額の基準となる価格」に過ぎず、純粋なる「時価」ではない。あくまで税計算を行ううえでの価額である。

また、路線価は毎年1月1日を基準に1年間変動せず、月日の経過による価値の増減は1年間反映されないため、同じ年の1月1日に相続が発生しても、12月31日に相続が発生しても、その価額は同額である。

一方、遺産分割は相続そのものの話であり、その基準は「話し合ったとき」の「時価」であって、「路線価」ではない。

例えば、令和4年8月1日に発生した相続について翌年4月1日に遺産分割を話し合う場合、翌年4月1日の「時価」を基準に話し合うことになる(図表3)。

今回は遺産分割の話合いであるから、「話し合ったときの時価」を

図表3 相続税と相続(遺産分割)の違い

・相続税…令和4年の路線価(令和4年1月1日基準)

・相続(遺産分割)…令和5年4月1日の「時価」

基準に話し合うことになる。しかし、不動産の評価の中でも特に「時価」の算定は難しい。

不動産の時価は「不特定多数の当事者間で成立する価格（客観的な交換価値）」と定義づけられるが、実際に売却しない限り本当の時価を知ることはできないし、当事者の思惑次第で価値が上下するため見解の統一が難しい。

また、時期や景気動向、「需要」と「供給」の力関係等が時価に影響を与えるため、ある程度の"割り切り（高いレベルでの妥協）"が必要であることも踏まえておくべきであろう。

とはいえ、土地の値段は一般の人にはわかりにくく、税理士が作成してくれた相続税の申告書に記載されている路線価を見て、「取りあえず路線価を基準に」となることも多い。当事者間で「路線価を基準に話し合う」ことに合意しているのであれば何等問題ないため、争いがなければ後々トラブルは発生しない。

本事案の場合、「路線価（相続税評価額）」と「時価」の乖離が大きかったため争族に発展してしまったのだ。

長男は実家の保存を望むが、代償金の負担が大きく…

具体的に話し合うに際し、まず、不動産会社に両土地の査定を依頼した。不動産は会社によって得手・不得手があり、また、エリアや種別等によって査定結果にばらつきが出る場合もあるため、偏った査定とならないよう、複数の会社に査定を依頼した。

①都内にある元実家は、人気の住宅街にあることもあり、老朽化が激しい建物を取り壊して更地にする必要があったものの、ほぼ路線価の倍の値段（１億円）でエンドユーザーに売却できる査定結果となった。しかも、早期売却が可能とのことであった。

一方、②郊外の駐車場は地形が悪く、特に接道部分である間口が狭く奥が広がっている扇形であることが災いし、エンドユーザーが自身の自宅として購入する可能性は極めて低い。ゆえに、建売業者が土地を買い取り、2筆に分筆し、それぞれに建物を建築したうえで建売住宅として販売するイメージであり、その場合の業者の買い取り価格は路線価を大きく下回る1,000万円である、との査定結果であった。さらに、時期を逃すと買取りの手が挙がらない可能性もあるため、タイミングが重要とのことであった。

　この結果を基に相続人同士で話し合ったところ、実家の保存を強く希望した長男が①都内にある元実家を相続し、長女は②郊外の駐車場を相続する案を軸として調整することとなった。この案を採用した場合、長男は代償金*1として長女へ4,500万円を支払わなければならなくなる。

（①都内の元実家時価1億円＋②郊外の駐車場時価1,000万円）÷2人＝5,500万円（1人当たり）

5,500万円－②郊外の駐車場時価1,000万円＝4,500万円（長女が受領する代償金）

　しかし、長男には4,500万円もの代償金を一括で支払えるほどの貯蓄はなく、また分割で支払うにも負担が大きく、老後の生活設計に支障をきたしてしまう可能性もあった。長女が代償金額の引下げに同意してくれればよいが、長女としても均等は譲れない条件であり、長男が①都内の元実家を単独で相続する案は事実上実現不可能となった。

　長男は実家への思い入れが強く、最後まで何とか実家を売却せずに手続きを進める方法はないか探ったが、それはあくまで幼少期を過ごした実家に対する"思い出"への固執に過ぎず、将来利用しないこともあり、最終的には売却することに同意した。

あえて「共有」を選択したほうがよい場合も

通常「兄弟での不動産共有名義は避けるべき」といわれている。筆者もその意見に賛成だ。

兄弟で不動産を共有にしてしまうと、将来、売却・建替え等をする際、足並みが揃わず計画が頓挫してしまう場合がある。不動産の持ち分を99％有していたとしても、共有者である相手方の同意を得ないと何もできないのが共有名義のデメリットだ。

また、将来兄弟自身に相続が発生し、兄弟の子がその不動産を相続した場合、従兄弟同士の共有になり、さらに人間関係が希薄化した中で合意を得なければならなくなる。

問題の先送りとならないよう、何とかシンプルな所有形態、つまり単独所有を目指すべきであろう。

しかしながら、今回のケースでは、代償金の支払いは互いに負担が重いため、両物件とも換価処分し、その売却代金を均等に分ける案に切り替えることにし、公平を期すべく両物件とも兄弟2人それぞれ2分の1ずつ共有名義で登記した。

兄弟共有名義にしたのにはもう一つ理由がある。それは、平成28年4月に創設された「空き家の譲渡所得の3,000万円特別控除*4」を活用したかったからだ。

制度の詳細は割愛するが、譲渡対価額が1億円以下であれば本制度の適用を受けることができ、大幅に譲渡税を抑えることができる。取得費加算の特例*5との選択適用であるが、今回は父が取得した当時の取得費との兼ね合いにより相続人は2人とも「空き家の譲渡所得の3,000万円控除」の適用を受けることができ、ほぼ譲渡税をゼロにすることができた。

「小規模宅地等の特例」の対象になるなら「均等」に注意

　今回は誰も「小規模宅地等の特例」の適用を受けられる相続人がいなかったので問題にならなかったが、仮に長男が実家を相続し小規模宅地等の特例「特定居住用宅地等[*2]」の適用を受けられた場合、相続税評価額が 5,000 万円 ×20％ = 1,000 万円と価値の高い実家を相続したにもかかわらず、価値の低い、駐車場を相続した長女より負担する相続税が低いという逆転現象が生じてしまう恐れもあった。

　そのような可能性がある場合、相続税納税後の手取りを基準に「均等」を話し合うのか、負担する相続税を考慮せず話し合うのか、についても合意しておくべきだろう。その前提に合意しないまま話合いがまとまった場合、実際に手続きを進める段階で「私（僕）のほうが手取りが少ない（多い）」ともめ、話がこじれてしまう可能性がある。

　相続に携わる専門家であれば、法律や税制等、色々な角度から予防線を張り、万一に備え、目配り・気配りを忘れずに助言すべきと思う。

本事例から学ぶ　教訓

① 不動産には色々な価額が存在する。どの価額を前提に話し合うのか事前に合意したうえで遺産分割協議に臨むべき。

② 相続税と相続は似て非なることを理解し、何のために、何の数字が必要なのか、常に確認しながら相談に応じる。

『教育資金の一括贈与を考慮すべきかどうかで争族に』

トラブルの経緯

　母が死亡した。相続人は長女と長男の2人（共に既婚）。長女には子どもが2人いたが、長男夫婦には子どもがいなかった（図表1）。

図表1 親族関係図

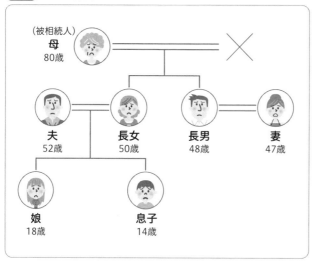

母は遺言を作成していなかったため、長男が中心となって母の遺産を調べ、確定した母の遺産を子2人で話し合って分けることにした。その過程で、母が死亡する3年前に、普通預金から3,000万円ものお金が払い出されていることが判明した。

払い出したお金は長女の子、つまり孫2人への「教育資金の一括贈与に係る贈与税非課税措置*6（以下「教育資金の一括贈与」という）」であった。長男は「教育資金の一括贈与を遺産分割すべき財産の一部と考え、そのうえで均等に分けるべき」と主張したが、長女は「教育資金の一括贈与は母から孫への厚意であり、あくまで遺産分割は死亡時の遺産を基準に分けるべき」と譲らず、争族に発展してしまった。

どうすればよかったのか

非常に難しい問題だ。法的には長女の主張が正しく、人としては長男の主張が正しい。このような問題に「こうすれば絶対にもめない」という魔法は存在しない。

本件が母の厚意により行われた援助ならば、相続人である子は事実を素直に受け入れればよい話だと思う。「孫2人の教育のために使ってほしい」と母自らが願って行った援助（贈与）であり、ありがたく受け入れ、母の気持ちを大事にし、有効に資金を活用すべきだ。

しかし、これが長女から母への"お願いベース"で行われた行為だった場合、最終的に当事者が納得のうえ取り組んだ贈与だとしても、後日トラブルに発展する可能性があることを踏まえ、取り組む前に親族間で情報を共有し、相続後の位置付けまで踏み込んで話し合っておいてもよかったかもしれない。

後日気持ちよく手続きを進めるためには、事前の配慮が重要である

ことを認識してもらいたかった。

解　説

「教育資金の一括贈与に係る贈与税非課税措置」の概要は図表2の
とおりである。

平成25年度の税制改正で創設された「教育資金の一括贈与」は、
富裕層を中心に、主に相続税対策として活用されており、現役世代への
資産の移転という「制度創設の趣旨」と実際の「利用目的」にズレが

図表2 「教育資金の一括贈与に係る贈与税非課税措置」の概要

項目	要件	備考
受贈者	30歳未満の直系卑属	直系尊属には養父母を含むが、配偶者の直系尊属や叔父・叔母等は対象外
資金使途	教育資金	①学校等に直接支払われる金銭 ②学校等以外に支払われる金銭のうち一定のもの
拠出財産	金銭等	
拠出方法	金融機関等への信託等	金融機関（信託会社（信託銀行を含む）、銀行、第一種金融商品取引業
非課税限度額	受贈者1人につき1,500万円	うち、学校等以外の者への支払い限度額は500万円
拠出期間	平成25年4月1日から令和8年3月31日まで	
手続き	「教育資金非課税申告書」を、金融機関を経由して受贈者の納税地の所轄税務署長へ提出する（目的内払出等の確認は金融機関が行う）	
教育資金管理契約の終了	原則として受贈者が30歳に達した場合等	残額は贈与税の課税価格に算入される

生じていた。そこで、平成31年度の税制改正で期限が2年間延長される際、「贈与者に相続が発生した場合、相続開始前3年以内に拠出された贈与額に残額があれば、その残額は相続財産に加算され、受贈者が相続等によって取得したものとみなす（受贈者が23歳未満等一定の場合を除く）」と改正された。

しかし、その残額を取得したのが孫であっても、相続税額の2割加算の対象ではないため、依然として「世代飛ばし」効果を狙った相続税対策として活用されていた。

そこで、令和3年度の税制改正により期限が令和5年5月31日まで2年間延長される際、「贈与者に相続が発生した場合、拠出時期に関わらず残額のすべてが相続財産に加算され、かつ残額を取得したのが（相続人ではない）孫の場合、相続税額の2割加算の対象となる。」と改正された。ただし、孫が23歳未満など一定の場合は、残額があっても相続財産に加算されず、かつ相続税額も2割加算されない。

教育資金の一括贈与は、「親から子」への例は少なく、主に「祖父母から孫」もしくは「曽祖父母から曾孫」への学資援助として活用されている。特に、平成27年1月から相続税の基礎控除額が引き下げられ、一般家庭でも相続税を心配しなければいけない状況になったことを背景に、高齢者が相続税対策の一環として、備え貯めておいた資金を孫世代へ拠出する例が増えている。

教育資金の一括贈与の長所（メリット）と短所（デメリット）をまとめると図表3のとおりとなる。

令和3年度の税制改正により、贈与者に相続が発生した場合、令和3年4月1日以後に拠出された贈与財産の残額は、一定の場合を除き、すべて相続財産に加算されることとなったため、相続税対策としての即効性は薄れることとなった。しかし、それでも本来親世代が

負担しなければならない子の教育費を祖父母世代が負担することにより、親世代の負担が減り、結果親世代の貯蓄が進み、間接的に祖父母世代から親世代へ資産移転が進む効果を考えると、相続税対策として利用される側面は残っていると言えよう。

　もちろん、都度贈与と異なり、将来贈与者の判断能力が衰えても影響を受けないメリットや、資金使途が教育資金に限定されることによる（贈与者としての）安心感、孫世代により良い教育の機会を与えられる効果は依然としてあるため、本来の趣旨に沿った形での利用は多いに歓迎されるべきである。

　一方、不公平な贈与が争族のきっかけを生んだり、資金が長期間固定化され将来の不確実な生活に支障をきたす等のデメリットもある。また、本来教育資金を負担しなければいけない子世代の家計が放漫体質になってしまった、生活が派手になってしまった、年々ありがたみが薄れ縁遠くなってしまった、等の問題点も指摘されている。

図表3 「教育資金の一括贈与の長所と短所」

長所（メリット）	短所（デメリット）
①贈与者の財産が減るため相続税対策になる	①資金が長期間固定される
②都度贈与と異なり、将来贈与者の判断能力が衰えた場合等の心配がない	②資金使途が教育資金に限定されるため流動性が損なわれる
③財産の世代間移転が可能になる	③手数料等の費用がかかる
④資金使途が教育資金に限定されるため安心して贈与できる	④取組時および都度の払い出し時等、手続きが面倒
⑤教育計画が立案しやすくなる	⑤子の家計が放漫体質になる場合がある
⑥財産が"生きたお金"として活用できる	⑥受贈者側のありがたみが年々薄れ、感謝してもらえなくなってくる
	⑦不公平が争族の温床になる

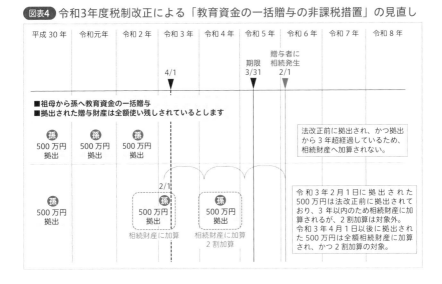

図表4 令和3年度税制改正による「教育資金の一括贈与の非課税措置」の見直し

孫への生前贈与は法的には特別受益に該当しないが…

さて、本事案を詳しく見てみよう。

実は、長男夫婦はずっと子どもが欲しくて、長い間不妊治療を頑張ってきた経緯がある。夫婦がともに40歳を超えた時点で治療を諦めたが、内心残念で仕方なかっただろう。

そのことを長女は知っていたにも関わらず、遺産分割の話合いの席で弟（長男）に向かって「あなたたちに子どもが3人いたら、うちよりももっともらえたのに」と口走ってしまった。売り言葉に買い言葉だとしても、配慮に欠く失言であった。

法的には、生前贈与した時点で推定相続人ではない孫への生前贈与は特別受益[8]には該当しないため、遺産分割を行ううえで考慮する必要はないが、精神的には孫への贈与を踏まえて話し合うのが筋であり、将来に遺恨を残さないためにも、相手の立場に立って考えてあげ

るべきであった。もちろん、相手の気持ちに配慮し、不用意な発言を控えるべきなのは言うまでもない。

実は、長女が意図的に教育資金の一括贈与の事実を隠そうと思っていた節がある。

というのも、長男が母の遺産を調べるにあたり実家を物色したところ、直近1年分の通帳しか見当たらなかった。物持ちの良い母だったため不審に思ったが、現存する通帳の残高を見ると、生前母が言っていた金額よりかなり少なかった。しかし、何か大きな買い物をするとか、多額の出費があった等の話を耳にしたことはない。そこで、税理士から助言を受け、取引銀行へ過去の取引履歴を照会することにした。

取引履歴を確認したところ、相続発生の3年前に3,000万円のお金が信託銀行へ振り込まれていることが判明し、長女に問い質したところ、教育資金の一括贈与が発覚した。

古い通帳がどこにいってしまったのか、誰が隠したのか、結局わからないままである。

もし長男が相続発生日における残高の少なさに疑問を抱かず、相続発生日の残高証明書を基に遺産分割協議を進めていたら、教育資金の一括贈与があったことに気付かず、遺産分割協議に応じていたかもしれない。

証明日当日の資金異動は残高証明書に記載されない

余談であるが、相続手続きを進める際に取得する残高証明書は「相続発生日における残高」と理解している方が多いと思うが、これには注意が必要だ。

残高証明書に記載されている残高は、証明日（相続発生日）の

23：59：59（銀行によっては24：00：00）時点であることが一般的である。

例えば、相続発生日に誰かがお金を引き出したとしたらどうだろうか。残高証明書は、相続発生日の23：59：59（銀行によっては24：00：00）時点における残高が記載されるため、当日の資金異動は考慮されない。つまり、記載されている金額は、死亡時点における残高ではない可能性があるのだ。

筆者が以前経験した別の事案では、母のキャッシュカードを管理していた長男が、母が死亡した日の朝一番で銀行へ出向き、母のキャッシュカードを利用して現金を引き出し、その後銀行に残高証明書の発行を依頼したことがあった。相続税の申告を依頼した税理士が通帳や取引履歴で過去の資金異動を確認せず、発行された残高証明書に記載された残高だけで相続税の申告を行ってしまい、後日税務署の調査で指摘を受け、修正申告したことがある。

本事案は、相続税申告期限が迫る中、『教育資金の一括贈与の半額1,500万円を遺産の一部とみなし、子2人が均等に相続する』ことで合意したが、後味の悪い結果となってしまった。

本事例から学ぶ 教訓	① 遺産分割協議をスムーズに行うためには、法的には問題がなくても精神的に障害となることがあることを踏まえ、相手に配慮した姿勢で臨むべきである。② 不平等な贈与は、遺産分割対策に支障をきたす場合があるため注意すること。

『保険金受取人の設定を間違えて、代償金の確保に追われるはめに』

トラブルの経緯

甲社を経営する父は「後継者である長男へ甲社の株式をすべて相続させたい」と考えていた。ところが、顧問税理士から「自社株の評価額は4億円」と言われ、自社株の他には自宅5,000万円と預貯金5,000万円しかないため、「自社株を長男1人に相続させた場合、（経営にタッチしていない）長女と二男が黙っていないだろう」と悩んでいた。

そのことをメインバンクに相談したところ、「生命保険金を活用したらどうか」と提案された。「生命保険金を受け取れば、長女も二男

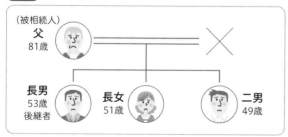

図表1 親族関係図

も納得するはず」と、早速終身保険に加入した。

その後、父が81歳で死亡した。母は一昨年死亡しているため、相続人は子3人だった（図表1）。

父は遺言書を作成しており、「自社株は長男へ、自宅は長女へ、預貯金は二男へ、それぞれ相続させる」と書いてある。遺言書に則って相続手続きを進めていたところ、長女と二男が、長男に対し遺留分*9を主張してきた。長男は「そのために父は生命保険に加入していたはずだ」と反論したが、「私たちが受け取った生命保険金は遺留分を満たす財産には該当しない」と言われ、初めて生命保険金は受取人固有の財産であることを知った。

現在、長男は代償金原資の確保に奔走中である。

どうすればよかったのか

生命保険金の受取人を「長女」「二男」ではなく、「長男」と指定すればよかった。そのうえで、長男は、受け取った生命保険金を原資に、長女および二男へ代償金として遺留分相当額の金銭を交付すればよかった（図表2）。

受取人指定のある生命保険金は「受取人固有の財産」とされ、原則民法上の相続財産には該当しない。つまり、遺産分割の対象財産ではなく、遺留分の算定基礎財産にも含まれないのだ（「原則」とついている点に注意が必要である。「原則」とついた場合、「例外」があるからだ。これについてはのちほど詳しく解説することにする）。

そのことを理解していれば、本件のようなトラブルは起こらなかっただろう。

今回、生命保険金の受取人が「長女」「二男」と指定されていたため、

長女と二男は、受け取った生命保険金は自身の固有の財産として横に置き、本来の相続財産である5億円を基礎財産として遺留分を主張することができたのだ。

　生命保険を活用した相続対策を検討する場合、「契約者」「被保険者」「保険金受取人」を誰にするか、十分注意してほしい。

解　説

　長女と二男は、一番先に生まれてきたという理由だけで長男が甲社を継いでいることを日ごろから面白く思っていなかった。長男は常に可愛がられ、両親の身近に置かれ、就職の苦労もなく、高給が約束されている。なぜ生まれてくる順番や性別が違うだけで差別されるのか、納得がいかなかった。

　そのような背景や空気を感じ、自社株の分散を防ぐために父が遺言書を作成してくれたこと、生命保険を活用し争族を回避しようとして

図表2 代償金を活用した財産の分割

（単位：万円）

財　産	評価額（時価）	長男	長女	二男
①自社株	40,000	40,000		
②自宅	5,000		5,000	
③預貯金	5,000			5,000
小　計	50,000	40,000	5,000	5,000
④生命保険金	10,000	10,000		
⑤代償金	—	▲10,000	5,000	5,000
合　計	60,000	40,000	10,000	10,000

くれたことは素晴らしかった。しかし、生命保険金の受取人を「長男」にしておくべきであったとは、思いもよらなかった。

長女と二男は、父死亡後すぐ死亡保険金をそれぞれ5,000万円ずつ受け取っている。と同時に、（父の相続税申告を受託している）甲社の顧問税理士とは別の税理士に「何か良い手はないか」と相談し、その税理士から弁護士の紹介を受け、長男への遺留分減殺請求権[*10]の行使（遺留分の主張）に至っている。

長女と二男の遺留分の主張（遺留分減殺請求）は、「父の財産は5億円なので、本来の相続財産は1人1億6,600万円、遺留分はその半分で1人8,300万円になる。自宅もしくは預貯金5,000万円を相続しても遺留分に満たないので、残り3,300万円をそれぞれに支払ってほしい」というものであった。

これに対し、長男は「遺留分に見合う生命保険金を受け取っているのに、何を言っているのか」と反論した。

生命保険金が特別受益に該当することも

父の考えは図表3のとおりであった。

非常に残念な計算である。②までは完璧だが、③は6億円ではなく5億円、④は8,333万円であった。また、⑤で受取人を「長男」と指定すべきであった。

図表3 父が計算した必要保険金額

①現在の財産は、自社株4億円＋自宅5,000万円＋預貯金5,000万円＝合計5億円
②各相続人の法定相続割合は3分の1であり、遺留分は6分の1である
③生命保険金が1億円下りれば、相続財産は合計6億円になる
④ということは、長女および二男の遺留分は、それぞれ6億円×1/6＝1億円になる
⑤長女も二男も遺言によりそれぞれ5,000万円の財産を相続するのだから、生命保険金を1人5,000万円受け取れば足りる

生命保険金は受取人固有の財産であり、本来の（民法上の）相続財産には該当しないため、受け取った生命保険金を遺産分割の対象として分割することはできない。もし分割してしまうと、贈与に該当するので注意が必要だ。

例えば、相続人である子A・B・Cの3人が均等に受け取った生命保険金について、Aが「僕は実家を相続するから、この生命保険金はBとCの2人で分けな」と言ってくれた場合、各人が契約で指定された受取割合を超える部分は『Aからの贈与』とみなされるのだ。

では、「絶対に生命保険金は遺産分割の対象にならないか」と言うと、そうではない。

例えば、父の財産が現金1億円だけで、その1億円全額を【契約者＝父、被保険者＝父、保険金受取人＝長男】の一時払い終身保険に加入したとしよう。父が死亡すると、長男が死亡保険金1億円の支払いを受ける。では、その時、二男や三男は何も相続できないままでもよいのだろうか？

これについては、図表4の最高裁の判例を参考にしてほしい。

つまり、上記の例であれば、1億円の死亡保険金が特別受益に準じて遺産に持ち戻され、1億円を相続人3人で話し合って分けることになるだろう。

図表4 最高裁判所第2小法廷（平成16年10月29日決定）

> 保険金受取人である相続人とその他の共同相続人との間に生ずる不公平が民法903条の趣旨に照らし到底是認することができないほどに著しいものであると評価すべき特段の事情が存する場合には、同条の類推適用により、当該死亡保険金請求権は特別受益に準じて持戻しの対象になると解するのが相当である。
> 　上記特段の事情の有無については、保険金の額、この額の遺産の総額に対する比率のほか、同居の有無、被相続人の介護等に対する貢献の度合いなどの保険金受取人である相続人及び他の共同相続人と被相続人との関係、各相続人の生活実態等の諸般の事情を総合考慮して判断すべきである。

（下線は筆者）

代償金の原資は何でも OK

遺産分割の一つの方法である「代償分割」とは、<u>相続人の誰かが相続財産を現物で取得し、その相続人が他の相続人に対して代わりの財産（代償財産）を交付する方法</u>である。代償財産の交付は、金銭（代償金）で支払う場合がほとんどだが、不動産等の現物で支払う方法も認められている。

代償金の原資は問われない。自分で貯めたお金でも、父から相続した預貯金でも、父から相続した不動産を売却した資金でも、銀行から借りたお金でも、何でも構わない。もちろん、受け取った生命保険金を原資として支払っても何等問題ない。

本件で、受取人を「長男」と指定すると『全財産が長男へ集中してしまう』と勘違いしてしまう人も多い。確かに長男が受け取った生命保険金を自分だけのものに"独り占め"してしまったら、そのとおりだ。そこで、長男に対し「受け取った生命保険金は、他の相続人への代償金原資として使うこと」を、生前しっかり理解させておく必要もある。そうすれば、長男一人に財産が集中してしまうわけではないことがわかるであろう。

本事例から学ぶ 教訓	① 受取人指定のある生命保険金は、（原則）本来の相続財産ではないため、遺産分割の対象外である。 ② 特段の事情がある場合は、生命保険金は特別受益に準じて遺産に持ち戻される。

『"偏った" 生前贈与をした結果、兄弟仲が険悪に』

トラブルの経緯

母が死亡した。享年 78 歳。相続人は長女、長男、二男の 3 人。母の財産は自宅と金融資産であった。遺言書はない（図表 1）。

長男が中心となって相続手続きを進めていたところ、直近 5 年間、

図表1 親族関係図

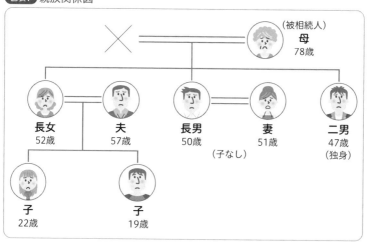

預金残高が急激に減少していることに気がついた。毎年春になると普通預金から現金 220 万円が引き出されており、その総額は 1,100 万円にのぼる。しかし、母がそのお金を何かに使用した形跡は見られない。

そこで、それぞれに何か思い当たる節はないか聞いたところ、長女の子（孫）2 人が毎年母から贈与を受けていた事実が判明した。

相続人 3 人で遺産分割を話し合った際、長男が「母が孫に行った贈与を含め、3 世帯が均等になるように分けよう」と提案したところ、二男は「それが一番公平だ」と同意したものの、長女は「母が行った贈与は孫に対してであり、私は直接関係ない。遺産分割は、今ある財産を 3 等分すべきだ」と同意しなかった。

その後何度となく話合いの場が持たれたが、法的には長女の主張が正しく、これ以上争っても仕方がないと、長男も二男も孫への贈与を考慮しない 3 等分の遺産分割協議書に署名・押印した。しかし、相続手続きを通じ兄弟仲が険悪になり、あれほど仲が良かった長男・二男と長女の子（甥・姪）の関係もギクシャクし、親族関係が疎遠になってしまった。

■ どうすればよかったのか

長女が主張するように、相続人でない孫への生前贈与は「特別受益*8」にあたらないため、遺産分割協議を行う際に相続財産に含める必要はない。

別に、孫への贈与はやましいことではないので、母から長男および二男へ、孫へ贈与することを事前に伝えればよかった。その際、なぜ贈与する気持ちになったのか、その背景と効果も伝え、「長女からの

依頼ではない」ことを2人にしっかり知ってもらうべきであった。

　財産的に有利になる長女だけが贈与の事実を知っていると、何も知らない長男と二男は「長女の画策があったのではないか」と疑心暗鬼になり、争いの種になる。

　【契約者＝母、被保険者＝母、受取人＝長男と二男】の終身保険に加入しておく手もあった。長女の世帯には、遺産分割に関係のない孫への贈与資金が渡るのだから、長男と二男にも、遺産分割する必要のない生命保険金が渡るようしておく"痛み分け"的な考え方だ。ただし、保険金額をいくらに設定すればよいかは難しい。母が何年贈与できるか誰にもわからないからだ。

　世帯ベースで考え、長男および二男にもそれぞれへ贈与する手もあった。その際、長女だけ孫2人へ220万円、長男と二男は110万円ずつでよいのか、金額の問題は残る。

　母が遺言書を作成し、孫への贈与について、付言でその心情や背景について触れ、子どもたちに納得してもらえるような気持ちを遺しておく手もあっただろう。

解　説

　母は、TVや新聞で「相続税増税」のニュースを見るたびに「自分のところは大丈夫だろうか」と心配になっていた。5年前に死亡した夫の財産はすべて自分が相続している。

　また、3人いる子のうち、孫がいるのは長女だけであることも気になっていた。長男は婚姻しているものの子はいないため、長男に財産を相続させても長男が死亡したら嫁に財産が渡ってしまう。「妻は専業主婦として育児と家事に専念するもの」と叩きこまれ、自らもそう

生きてきた母と、「女も社会に出てバリバリ働くべき」と考える嫁との間には考え方に大きな隔たりがあり、「後継ぎが欲しい」と願っていた母の希望も叶えられず、母と嫁は不仲であった。その嫁に、夫から相続した大事な財産を渡すわけにはいかない。

さらに、二男は独身である。自由気ままに生きている二男が、高齢になってから結婚する可能性もある。そうなると、自分が会ったことすらない女性に大事な財産が流れてしまう可能性もある。

取引銀行の担当者にそのことを相談したところ、「生前贈与すれば財産を減らせるので相続税対策になる。しかも、1人年間110万円までであれば贈与税はかからない。さらに、贈与は誰に対してでもできるので、孫（長女の子）に贈与すれば長男の嫁や二男に財産が行くことはない」と助言され、早速孫に贈与することにした。

孫へ贈与することを子どもたちに伝えるべきか悩んだが、長男も二男も長女の子を自分の子のように可愛がっており、入学祝や卒業祝い等、何かにつけて祝ってくれていたので、「可愛い甥・姪に対する贈与であれば、長男も二男も文句を言わないだろう」と考え、長男および二男には何も言わなかった。当時孫は未成年であったため、贈与手続きは長女を介して行った。

一定期間以内の贈与は相続財産に加算されるが…

長男が相続手続きを進める中で気づいた急激な預金減少について税理士に相談したところ、「金額から察するに、毎年110万円ずつ誰か2人へ生前贈与したのではないだろうか」とのことであった。

そこで、二男に聞いたところ、「母から資金援助を受けたことは一切ない」と言う。もちろん自分もお金をもらったことなど皆無だ。長女に聞いたところ、「自分はもらっていない」と言うが、「自分は」の

言い方にひっかかり、「何か隠していることがあるのではないか」と税理士に援護を求めた。

　税理士より長女に対し、①過去3年以内（当時）の贈与は相続財産に加算されること、②名義が子や孫になっていてもそれが形式だけであれば「名義預金[*11]」として相続財産になること、③使途不明金があると税務調査で指摘を受けやすいこと等を説明したところ、毎年母から孫2人へ現金110万円ずつ贈与されていたことを告白したのだ。

　遺産分割は、相続発生時にある財産だけでなく、生前にもらった財産を含めて話し合うのが原則である。この生前に前渡しされた財産のことを「特別受益[*8]」と言い、民法にその根拠がある（図表2）。

　民法第903条1項に「共同相続人中に」とあるように、特別受益は相続人への贈与等が対象であり、贈与等した当時推定相続人ではなかった人への贈与は特別受益に該当しない。

　本事例は、母から孫への贈与であり、孫は相続人ではないため、孫がもらった財産は特別受益に該当しない。たとえ贈与手続きを長女が行ったとしても、長女は親権者として未成年である孫のために事務手続きを行ったに過ぎず、あくまで財産をもらったのは孫である。つまり、孫への贈与は母の遺産分割には関係ない。

図表2 特別受益の根拠

> 民法第903条
> 1．共同相続人中に、被相続人から、遺贈を受け、又は婚姻若しくは養子縁組のため若しくは生計の資本として贈与を受けた者があるときは、被相続人が相続開始の時において有した財産の価額にその贈与の価額を加えたものを相続財産とみなし、前三条の規定により算定した相続分の中からその遺贈又は贈与の価額を控除した残額をもってその者の相続分とする。

（下線は筆者）

「名義預金」に該当すれば遺産分割に関係するが…

長男は、贈与手続きを担ったのが長女であることに着目し、孫名義を借りた母の預金、もしくは長女の預金、いわゆる"名義預金"ではないかと作戦を変更した。名義預金であれば、母の遺産分割に関係してくる可能性があるからだ。長男は、①贈与契約書がない、②孫の口座を開設した当時の印鑑届は長女の筆跡である、③孫はもらったお金を一度も使用していない、④贈与税の申告書が存在しない、と主張した。

残念ながら長男の主張は通らなかった。①贈与契約書を作成しなければいけないという法律はなく、②孫は未成年のため親権者である長女が事務手続きを担うため、孫の筆跡が出てこなくても何等問題なく、③もらったお金を使用しなければいけないというルールもなく、④贈与金額が年間110万円以内であれば贈与税が発生しないので贈与税申告書がなくて当然、だからだ。

贈与行為そのものが否定されれば名義預金としてその財産が母の遺産に加えられ相続税を計算することになるが、その場合でも、名義が生前孫になっていれば、母に「孫へあげたい」という遺贈の意思があったとみなされ、孫がもらった財産に対し2割増しの相続税を払うだけであり、そのことが相続人3人の相続割合に影響を与えることはない。

「どうすれば良かったのか」の項で、長男および二男を受取人と指定した終身保険に加入する案と、長男および二男に対しても贈与する案を挙げたが、長男の妻（嫁）や将来婚姻するかもしれない二男の妻（嫁）等直系血族以外の人間へ財産を渡したくないと思っている母の理解を得るのは難しく、両案とも実現不可能であったと思われる。

　本事例における長女の主張は（法的には）正しいが、長男の提案（孫への贈与を含めて3等分）も、法的根拠はないものの一考に値する提案であり、「法的根拠がないからダメ」と一刀両断するのもどうかと思う。法律が必ずしも人に優しい、関係する人全員が納得する拠り所であるわけではないことを痛感する事例である。

　本件は、良かれと思ってした孫への贈与を、一部の相続人へ伝えていなかったことで生じた争族である。相続対策には"気配り"も重要である。

本事例から学ぶ 教訓	① 相続において、「〜であろう」「〜のはず」の勝手な思い込みは危険 ② 特に、相続人ではない孫へ生前贈与を行う際は注意が必要 ③ 相続対策には "気配り" も重要

『借金は遺言どおりに相続されない!?』

トラブルの経緯

　母は定職に就かない二男を心配し、「将来食べていくのに困らないように」と、「私が所有するアパートの土地および建物と、そのアパートに係わる借入金の全額を二男に相続させる」と記載した遺言書を作

図表1 親族関係図

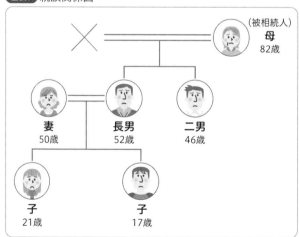

成した。

遺言書作成から5年後、母が死亡した。享年82歳。相続人は長男52歳と二男46歳の2人であった（図表1）。

母の財産は、自宅とアパート、金融資産である。遺言書はアパートについてしか記載されていない、いわゆる「部分遺言」であったため、遺言内容を踏まえ相続人2人で話し合い、自宅は母と同居していた長男が相続し、アパートは遺言どおり借入金を含め二男が相続し、金融資産は2人で均等に分け相続することで合意した。自宅の時価は2,000万円、アパートの時価は5,000万円、アパートローンの残高は3,000万円、金融資産は800万円であった（図表2）。相続手続きを進めるべく銀行に相談したところ、二男が債務を全額相続することに難色を示し、「長男が法定相続割合どおり1,500万円債務を負担してほしい」と言われてしまった。

どうすればよかったのか

金銭債務のように分割できる借入金（可分債務*12）は、相続と同時に法定相続分に応じて分割される。元々の債務者である母が遺言で「全

図表2 相続財産一覧（時価ベース）

財産種別	長　男	二　男	合　計
①自　　宅	2,000万円	—	2,000万円
②アパート	—	5,000万円	5,000万円
③借 入 金	—	▲3,000万円	▲3,000万円
④金融資産	400万円	400万円	800万円
合　　計	2,400万円	2,400万円	4,800万円

額二男に相続させる」と記載していても、銀行の関与なしに作成された遺言書でもあり、銀行は遺言に拘束されず、法定相続分に応じた額を相続人へ請求することができるのだ（図表3）。

　まず、遺言書を作成する前に銀行に相談すべきであった。二男が単独で借金つきのアパートを相続することについて、事前に銀行の同意を得ていれば、そのとおりに相続できたかもしれない。

　また、実務に長けた弁護士等の専門家に相談してから遺言書を作成すべきであった。遺言書を作成したらそのとおりになると勘違いしている人も多いが、当事者間においてだけ有効な事項もあり、専門知識のない中での思い込みは危険である。

　最終的な姿や希望をゴールに設定したうえで、どうすべきか、実現可能性を含め検討すべきであった。

図表3 最高裁、平成21年3月24日

　相続人のうちの1人に対して財産全部を相続させる旨の遺言により相続分の全部が当該相続人に指定された場合、遺言の趣旨等から相続債務については当該相続人にすべてを相続させる意思のないことが明らかであるなどの特段の事情のない限り、当該相続人に相続債務もすべて相続させる旨の意思が表示されたものと解すべきであり、これにより、相続人間においては、当該相続人が指定相続分の割合に応じて相続債務をすべて承継することになると解するのが相当である。

　もっとも、上記遺言による相続債務についての相続分の指定は、相続債務の債権者（以下「相続債権者」という。）の関与なくされたものであるから、相続債権者に対してはその効力が及ばないものと解するのが相当であり、各相続人は、相続債権者から法定相続分に従った相続債務の履行を求められたときには、これに応じなければならず、指定相続分に応じて相続債務を承継したことを主張することはできないが、相続債権者の方から相続債務についての相続分の指定の効力を承認し、各相続人に対し、指定相続分に応じた相続債務の履行を請求することは妨げられないというべきである。

（下線は筆者）

解　説

　相続財産には、①遺産分割を経ることなく、相続と同時に法定相続分に応じて分割される「可分債権（債務）」と、②当事者間でどのように分けるか話し合い、合意しない限り共有状態が続く「不可分債権」がある。代表的なものだと、金銭債権は「可分債権」、借金は可分債務、不動産や株式等"物（もの）"は「不可分債権」である。

　従来、遺産分割不要だった「可分債権」である預貯金について、平成28年12月19日、最高裁が「遺産分割が必要である」と自らの判断を見直す判決を下したのは記憶に新しい。

　銀行からの借入金、いわゆる債務は可分債務のため、債務者が遺言等でその承継を誰か1人に指定しても、原則として銀行はそれに拘束されず、法定相続分に応じた額を相続人に請求することができる。

　母の作成した遺言書にまったく意味がないわけではなく、当事者（長男と二男）間では有効である。あくまで債権者である銀行がその遺言に拘束されないだけだ。

　例えば、長男が銀行からの求めに応じ借入金の半分を負担（返済）した場合、長男は二男へ負担した債務額の返済を求めることができる（「求償」という）。現実問題として、アパートと預貯金400万円しか相続していない二男には求償に応じる原資がなく、長男が返済の分割払いを認めるか、二男がアパート売却に同意するか等しないと解決には至らないため、難しい交渉になるだろう。

免責的債務引受には債権者の同意が不可欠

　債務の相続には、「免責的債務引受」と「重畳的債務引受」の2種類がある（図表4）。「免責的債務引受」とは、債務が同一契約条件

のまま新しい債務者へ引き継がれ、元の債務者が債権関係から離脱することである。債権者の同意が必要であり、銀行の同意が得られない場合は成立しない。

「重畳的債務引受」とは、新しい債務者が元の債務者と並んで債務者になることである。つまり、元の債務者は債権関係から離脱しない。債権者にとって有利なため、新しい債務者と元の債務者の合意だけでも成立する。また、特段の事情がない限り、新しい債務者と元の債務者との間に連帯保証関係が生じる。

本遺言書を作成するに際し、遺言者である母は事前に銀行に相談していない。二男が単独で債務を承継するためには、銀行の同意を得たうえで免責的債務引受にしてもらう必要がある。

銀行が二男単独でのアパート相続および債務承継について懸念した理由は、主に次の3つであった。

①定職に就かない二男がアパートおよび借入金を相続した場合、家賃を優先的に自身の生活や遊興費に充ててしまい、将来返済が滞るのでないか

②独身で家族がいない二男を債務者とした場合、連帯保証人を誰にするのかの問題がある

③二男の判断能力が衰えた場合、誰が賃貸管理等の事業運営を担うのか不透明である

母は、日ごろから担当の銀行員へ二男の素行をぼやいていたため、

図表4 免責的債務引受と重畳的債務引受

	免責的債務引受	重畳的債務引受
元の債務者	債権関係から離脱する	債権関係から離脱しない
債権者の同意	必要	不要

「人物的に問題あり」と評価されていた可能性もある。

なお、長男は県庁に勤務する公務員であり、銀行が人物評価するに十分なキャリアを有していた。

誰かが折れない限り解決は難しい

銀行から借入金の半分の負担を求められた長男は、「免責的債務引受にしてほしい」と銀行に申し入れたが、謝絶されたため、二男と話し合うことになった。

二男は、本アパート8室のうち1室に居住しているため、売却に同意しなかった。

そこで、長男が取れる選択肢としては、①自ら借入金1,500万円を負担し、そのうえで二男に対し1,500万円の返済を求め、その支払い方法を分割で構わないと妥協すること、②遺産分割を一からやり直すこと、であった。

そこで、再度銀行に交渉したところ、「長男が連帯保証人となるなら二男単独での債務承継を認める」と代替案が提示された。

しかし、長男の妻がそれを許さなかった。日ごろ二男の身勝手な行動や言動に眉をひそめていた妻にとって、夫がアパートを相続することなく借金の連帯保証人になることは絶対に認められない。自身の生活や老後に影響が出るおそれがある。最悪、二男の甥姪にあたる自分たちの子にまで影響があるかもしれない。

結局、本事案は現時点で解決していない。誰かが折れない限り解決には至らない。時間切れとなり銀行が担保処分する可能性もゼロではないが、家賃を払わず入居している二男がいる状態のまま居抜きで売却するとなると買主が二の足を踏むかもしれないし、競売となったら貸し倒れが生じる可能性もある。そのため、簡単に担保処分には踏み

切れないだろう。

　問題の先送りとして、アパートおよび借金を兄弟共有とし、返済が
進んでからもう一度話し合う手もあるかもしれない。

本事例から学ぶ 教訓	① 債権者は、遺言に拘束されることなく 法定相続割合で各人へ債務の負担（返済）を請求することができる。
	② 債務も相続財産であり、相続税対策として借入した場合、相続発生後のことも考えておく必要がある。

相続債務の取扱い

　被相続人が有していた債務（相続債務）は、相続開始と同時に、当然に、共同相続人が相続分に応じて分割承継することとされ、相続人は、相続債権者（銀行等）から法定相続分に従った相続債務の履行を求められた場合、これに応じなければならない。

　ところが、このことは判例に沿った処理であり、民法上読み取ることはできなかった（条文化されていなかった）。

　そこで、平成30年7月6日に成立（平成30年7月13日公布）した「民法及び家事事件手続法の一部を改正する法律」により、これらが民法上明確に定められることになった（令和元年7月1日施行）。

　今までと取扱いが変わるわけではないが、押さえておきたいポイントのひとつである。

　改正後民法第902条の2「被相続人が有した債務（相続債務）の債権者は、<u>遺言により相続分が指定された場合でも</u>、各共同相続人に対し、法定相続分に応じた権利を行使することができる」（下線は筆者）

　例えば、被相続人が遺言で「借入金はすべて長男が承継・負担する」と指定しても、債権者たる銀行は遺言に縛られず、法定相続割合のとおり相続人へ返済を請求することができる。遺産分割協議であっても同様である。

　とはいえ、相続分の指定による相続債務の分割承継は、相続人間では有効であり、法定相続分に応じて債務を負った相続人は、債務の承継を指定された相続人に対して求償権を取得することができる。

相続分の指定の有無	債権者の承認	債権者の権利行使
な　し	―	法定相続分に応じて権利行使
あ　り	な　し	
	あ　り	指定された相続割合に応じて権利行使

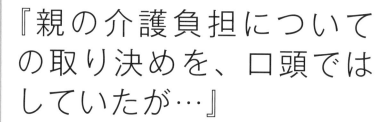

『親の介護負担についての取り決めを、口頭ではしていたが…』

トラブルの経緯

　平成27年に母が死亡し、高齢の父が一人暮らしをすることとなってしまった。当時84歳だった父は足が悪く、食事や洗濯等、すべて一人でこなすのは難しい。

　そこで、父の子である娘2人（長女60歳、二女55歳）が話し合い、長女が父の面倒をみることになった。そして、長女が負担した父の介護にかかった費用は相続後に清算し、父の遺産は【長女6対二女4】の割合で相続することで合意した（図表1）。

　平成29年に父が死亡した、享年86歳。2年前の約束どおり、「父の財産について、長女が実家まで通った交通費、父の食費や日用品等について長女が支払った費用は長女の相続分とし、残額を【長女6対二女4】の割合で分割しよう」と二女に申し出たところ、「遺産は均等に分けてほしい。むしろ、父の遺産がこの2年間で激減しているのは長女が私腹を肥やしたからではないか」と疑いをかけられ、結局当事者だけでは話合いができず、弁護士を入れて話し合うことに

なってしまった。

どうすればよかったのか

　本件は、親の介護負担等について事前に取り決め（約束）があったにも関わらず、それが口約束であったために生じたトラブルである。

　後日、このようなトラブルを避けるためには、①父が元気なうちに長女と財産管理委任契約[*22]を締結し、長女へ財産管理を委任しておく、②父が元気なうちに任意後見制度[*21]を利用し、長女を任意後見人に指定しておく、③父が認知症等になった場合、法定後見を申し立て、後見監督人と一緒に父の財産管理を行う、④長女が日ごろから父の介護ノート等をつけ、いつ、何があり、何にお金を使い、何をして、何時から何時まで携わったのか等を記録し、かつ支払った領収証やレシートを残しておく、⑤父の介護専用の口座を開設し、父にかかったお金はすべてその口座で管理する、⑥父が長女の介護貢献を踏まえた

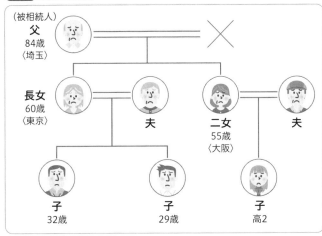

図表1 親族関係図

（被相続人）
父　84歳〈埼玉〉　　　×

長女　60歳〈東京〉　　夫　　　二女　55歳〈大阪〉　　夫

子　32歳　　　子　29歳　　　子　高2

遺言書を作成する、⑦年に数回は二女も介護に協力するルールを設け、長女の苦労を理解してもらう等の方法が考えられた。各対策案の詳細や効果は次の「解説」で詳しく解説する。

いずれにしても、口約束では「言った」「言わない」となるので、注意しなければならない。

解　説

本格的な高齢社会を迎え、医療の進歩と相まって、これからますます介護問題は深刻化していくであろう。特に、介護は「いつ終わるかわからない」問題であり、しかも携わった者にしかわからない苦労があり、お金だけでは解決しないことも多い。

介護のように、将来どの程度負担が生じるのか、それがいつまで続くのか、従事者にどの程度負担がかかるのか等はっきりしないことについて、安易な口約束で"握ってしまう"のは得策ではない。

特に、離れて暮らす姉妹はコミュニケーションが取りづらいこともあり、介護に携わっていない二女が長女の苦労を理解できず、むしろ「父の財産を個人的に消費したのではないか」と不信感を募らせるケースもあり、些細なことをきっかけに争族に発展する場合もある。

長女は東京で暮らしていたため、片道1時間程度で父が暮らす実家の埼玉まで行くことができた。しかも、子は2人とも社会人だったため時間的に余裕があり、多少の無理なら利く状態であった。一方、二女は大阪で働いており、高校生の娘を抱え、埼玉に通うのは難しかった。

物理的な状況から、長女が父の介護を行うことになったのは自然な流れである。

父が老人ホーム等の施設に入所してくれれば長女の負担は相当軽くなったと思われるが、父が頑なに入所を拒み、長女も「私が頑張れば」と自宅での介護に協力してしまった。

仮に父が施設に入所してくれたとしても、娘たちは何もしなくてよいわけではない。施設との連絡、日用品等の購入、洗濯、お見舞い等、

図表2 長女の言い分

- ●妹は、私が負担した父の介護にかかった費用は相続後に清算し、父の遺産は【私6対妹4】の割合で相続することに合意していた。
- ●上記条件のもと、私が介護することになった経緯がある。
- ●2年間私1人で介護しており、実家に通うだけでも往復2時間かかり、父の状態によっては実家に寝泊りしなければならないときも多く、経済的だけでなく、肉体的にも相当負担であった。
- ●晩年の父は細かいことに口うるさくなり、気に入らないことがあると癇癪をおこし、人格を否定するような発言もあり、精神的にもきつかった。
- ●この2年間、プライベートをすべて犠牲にして介護に専念してきた。
- ●私には、親の面倒をみた「寄与分」があるはず。
- ●父のお金を私的に流用した事実はなく、何度も銀行へ行くのが面倒だったので、父のお金をまとめて下ろし、自分の口座で管理していただけだ。

図表3 二女の言い分

- ●父の介護負担、遺産分割案は口約束であり、当時あまり深く考えて出した結論ではなかった。
- ●遠く離れて暮らし、仕事があり、高校生の娘がおり、介護をやりたくてもできない状況であり、姉が介護できないなら実家を売却し施設に入所してもらえばよかったのだが、姉が「私が面倒をみる」と言うので、「それならばお願いします」と言っただけだ。
- ●お正月に父へ会いに行った際、「姉から怒られるのが怖いので静かにしている」と言っていたので、可哀想だと思った。
- ●母が死亡した際に確認した父の財産が、この2年間で大きく減っているのは、姉が私的な費用に父のお金を使用したからではないか。
- ●姉は子の学資等の援助を受けていたはずであり、今回の相続でそれを考慮すべきだ。
- ●長女として昔から両親に可愛がられてきたのだから、老後の面倒をみるのは当たり前である。
- ●私は結婚後も離れて暮らし、両親から援助等受けたことは一切ない。

それなりにやることはたくさんある。

　さて、それぞれの言い分を見ていこう。長女の言い分は図表2、二女の言い分は図表3のとおりである。

　それぞれの言い分はもっともであり、気持ちは理解できる。しかし、実際に相続が発生し、争族になってしまった場合、精神論では解決できず、法的に処理していくしかない。

子が親の面倒をみても原則寄与分は発生しない

　では、長女の言い分を詳しく見ていこう。

　口約束では、当時の合意事項を証明するのは難しい。「覚書」のような書類を作成しておく、互いに複数人で合意事項を確認し合っておく、父にその旨の遺言書を作成してもらう等すればよかった。

　親の面倒をみることは「扶養」であり、原則「寄与分*13」とは考えないことを理解しなければならない。長女が父の面倒をみたのは娘として当然の行為であり、妹が面倒をみなかったからといって長女に「寄与分」が発生するわけではない。

　介護行為について「寄与分」を主張するためには、「特別な寄与」、つまり多大な貢献があったことを証拠とともに証明しなければならない。仮に介護が寄与分と認められたとしても、その額は「第三者へ委託した場合にかかる費用」を参考に算定されるため、「財産総額に比して寄与分が少額」なケースも多い。

　親子の財布はしっかり分けるべきであった。親子の資金が混在していると、お金に色はないので、悪気がなかったとしても相手に余計な誤解を生じさせてしまう可能性がある。しかも、一度混在したお金を元の状態に戻すのは難しく、結局ドンブリ勘定となり、相続後に困ることになる。

例えば、介護専用の口座を開設する方法が考えられる。入出金の都度、使用目的を通帳に記載し、別途介護ノートをつけ、購入した品のレシートや領収証をつけておくことで、不透明な資金異動を回避することができる。

介護ノートには、お金の出し入れだけでなく、いつ、何があり、何をして、何時から何時まで携わったのか等を記録し、介護負担を"見える化"しておくことで、日ごろ介護に携わっていない二女に理解を求める材料とすることができる。

相続人ではない孫への援助は特別受益の対象外

次に、二女の言い分を詳しく見ていこう。

当時姉と結んだ合意は口約束であり、長女の立場は苦しい。おそらくそのような合意はあったのだろうが、書面がない場合、結局「言った」「言わない」になってしまう。

日ごろ介護に従事していない二女にとって、長女の負担を自らの負担として考えるのは難しい。むしろ、「そんな大袈裟な」と軽く考えてしまっているかもしれない。お金についても、「介護にはそんなにお金がかからないはず」と思っている可能性もある。

相続人ではない孫への学資の援助は財産の前渡し（特別受益*8）の対象ではないので、たとえ長女の子が祖父から何等かの援助を受けていたとしても、そのことと本件相続は直接関係がない。

二女は遠隔地で暮らし、何かと多忙かもしれないが、だからといってすべて長女任せで良いわけもなく、家族旅行に行く余裕があるのなら、有給休暇を取得してでも数日間父の介護に携わる等、少しは関与させるべきであった。「100の言葉より１の体験」である。いくら長女が「大変だ、大変だ」と言っても、二女が心で聴かない限り、その

大変さを理解させることは難しい。いっそのこと、長女が介護疲労で倒れる程度の演技をしてもバチは当たらなかったのではないだろうか。

「争族」が長期化し「争続」になると、当初は相続する財産の大小でもめていたはずなのに、いつの間にか「相手が憎い」「相手を懲らしめたい」「相手を困らせたい」「相手を許せない」と感情論に至るケースが多いことも覚えておいてほしい。

特に、子どものころの親からの扱い、自分の子（つまり被相続人から見たら孫）への援助等がトリガーになり、もめてしまうケースもある。

良かれと思ってしたことでも、恩を仇で返される場合もあるので、万一を考え、口約束にせず、形に残る方法を選択すべきであった。

本事例から学ぶ 教訓

① 親の面倒をみるのは子であれば当たり前であり、原則寄与分は発生しない。
② 介護に関し、「わかってくれるはず」は自分に都合のよい解釈に過ぎない。
③ 「介護ノート」に入出金額や介護時間を記録し、介護負担を見える化しておく。

特別寄与料

　寄与分について、現行の民法第904条の2では「共同相続人中に、被相続人の事業に関する労務の提供又は財産上の給付、被相続人の療養看護その他の方法により被相続人の財産の維持又は増加について特別な寄与をした者があるときは、財産の維持又は増加した部分を寄与分とする」と定められている（下線は筆者）。

　つまり、寄与分は相続人にしか認められていない制度であり、長男の妻（嫁）が長男の母（義母）を一生懸命療養看護等しても、嫁に寄与分が認められることはないのだ。

　ごく稀に、嫁は長男の履行補助者であるとして、長男に寄与分が認められる場合もあるが、レアケースと思ってよいだろう。もし、義母より先に長男が死亡してしまったら、嫁が長男の履行補助者であるとした理屈は成り立たないため、長男に寄与分が認められる可能性がなくなり、しかも嫁には相続権もないので、苦労が経済的に報われることがなくなってしまう。

　そこで、平成30年7月6日に成立（平成30年7月13日公布）した「民法及び家事事件手続法の一部を改正する法律」により、嫁にも寄与分相当の金銭を請求ができる道が開かれた。

　改正後民法第1050条「被相続人に対して無償で療養看護その他の労務の提供をしたことにより被相続人の財産の維持又は増加について特別の寄与をした被相続人の親族（特別寄与者）は、相続の開始後、相続人に対し、特別寄与者の寄与に応じた額の金銭（特別寄与料）の支払を請求することができる」（下線は筆者）

　この改正により、親族である嫁が無償で義母を療養看護等していた場合、特別寄与者として、義母死亡後相続人に対し金銭（特別寄与料）を請求することができるのだ（令和元年7月1日施行）。

　なお、平成31年度の税制改正により、①相続人が支払った特別寄与料はその相続人の課税価格から控除できること、②特別寄与料は遺贈により取得したものとみなし相続税が課税されること、と定められた。本事例で考えた場合、嫁は相続人ではないのに申告および納税が必要になり、かつその相続税は2割加算されることに注意してほしい。

『贈与された自社株の評価を高めたのは兄の功績だが…』

トラブルの経緯

　父は、65歳になったのを機に、自身が創業した会社を長男に任せ、同時に会社の株式（以後「自社株」という）もすべて長男へ贈与し、以降は相談役として時々会社に顔を出す程度で、ほとんど経営には口出ししなかった。父から会社を継いだ当時、長男は40歳であった。贈与された自社株の評価は200万円、経営は苦しい状態であった。長男はそこから頑張り、経営を軌道に乗せた。

　父が死亡した、享年78歳。父の相続人は、長男、二男の2人。母

図表1 親族関係図

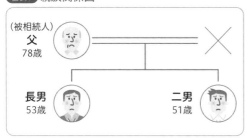

は昨年死亡している（図表1）。父の財産は自宅（相続税評価額2,000万円、時価3,000万円）しかなかった。

遺言がなかったため、息子2人で遺産分割を話し合うことになった。長男は「父から生前に自社株を200万円もらっているから、それを含めて均等に分けよう。（自社株200万円＋自宅3,000万円）÷2人＝1,600万円なので、どちらかが自宅を相続し、もう一方へ代償金[*1]として1,600万円支払う案はどうか」と提案した。

これに対し、二男から「それは計算が違うよ。兄さんが父からもらった自社株は6,000万円だと税理士が言っていた。だから、（自社株6,000万円＋自宅3,000万円）÷2人＝4,500万円なので、自宅を僕が相続してもまだ足りない。あと1,500万円（＝4,500万円－3,000万円）払ってほしい」と言われてしまった。

このことで兄弟仲が険悪になり、未だに遺産分割は成立していない。

どうすればよかったのか

長男と二男の主張、どちらが正しいかというと二男である。遺産分割には、相続発生前に相続人へ贈与した財産（＝特別受益）を加え、かつその評価額は相続発生時の価値に引き戻して計算するのだ（図表2）。

民法特例の固定合意[*14]を得たうえで、相続時精算課税制度を活用し自社株を父から贈与してもらう手があった。この方法であれば、2,500万円まで贈与税がかからないうえ、相続発生時に持ち戻される自社株の評価額は贈与時のものになるため、民法上も税務上も株価を固定する効果がある。本件のように贈与後に株価が上昇する場面では大変有効な相続税対策となる。一方、株価が下落、最悪倒産等で株価がゼロになっても、贈与時の評価額200万円が相続財産に持ち戻されるの

で、先行きが読めない中小企業では、難しい選択だったかもしれない。

　父が遺言書を作成し、贈与した自社株について持戻し免除[*15]の意思を示しておくと同時に、自宅を二男へ相続させる旨も記載しておけば、問題が大きくならなかったであろう。

　また、父が元気なうちに顧問税理士に自社株を評価してもらい、二男が納得するであろう金額を逆算したうえで、長男を受取人と指定した終身保険に加入しておくとか、父が死亡した場合に会社から長男へ死亡退職金が支給されるよう規定を策定しておくスキームも考えられた。そうすれば、長男は受け取った保険金や退職金を原資に二男へ代償金[*1]を支払うことができ、争族を回避できたかもしれない。

解　説

　生前に父から贈与された自社株のことを「特別受益[*8]」という。わかり易い言葉で言えば「財産（遺産）の前渡し」だ。

　遺産分割は、相続発生時の財産を対象に話し合うのではなく、この特別受益を遺産に含めて話し合うのが原則だ。相続税では、相続発生時の財産に、相続発生前3年以内（**注**）に行われた贈与のみ加えて

図表2 遺産分割の対象になるのは？

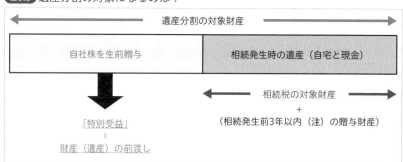

（注）令和6年1月1日以降の贈与から順次延長。詳しくは83ページのcolumn参照。

計算するが、遺産分割にはこうした期限はなく、特別受益であれば過去何年前に行った贈与であっても遺産に含めて話し合うことになる。

また、遺産分割に含める特別受益の額は、贈与時の評価額ではない。相続発生時の価値（現在価値）に引き戻して計算するのだ。

人としては正しくても、法的には…

長男が贈与された自社株評価は、贈与当時200万円だったが、父死亡時には6,000万円まで上昇していた。そこで、遺産分割は、現在価値の6,000万円を相続発生時の財産に加算して話し合うことになる。

仮に、長男がこの会社を倒産させ、自社株の価値をゼロにした場合、特別受益ゼロとして話し合うのだが、もしそうなっていたら、「親の大事な財産を無価値にしたのは長男のせいだ」と、別の兄弟喧嘩に発展したかもしれない。

つまり、本件は二男の主張が（法的には）正しいことになる。一方、長男の主張にも、「もっともだ」と理解できるところがあり、（人としては）長男の主張が正しい（と、少なくとも筆者は思う）。この辺りが相続の難しいところだ。

長男は、会社を承継した当時、あまりに経営が杜撰で先行きが暗いことにショックを受け、「このままではいけない」と一念発起し、寝食を惜しまず働き、勉強し、営業し、開拓し、当時5名しかいなかった従業員は、父死亡時50名になっていた。借金も完済し、現在は優良企業に育っている。長男は、父から会社を任されて以降、現在までずっと代表取締役を続け、同業者からも一目置かれる二代目である。長男は、ここ数年、両親に安心した暮らしを提供できていたことが、一番の自慢であった。

長男からしてみれば、自社株の評価を30倍に引き上げたのは自分

の手腕であり、そこに父の関与は一切なかったのだから、「弟は何を言っているんだ！」となっても仕方がない。それどころか、父から引き継いだ負の財産を考えたら、マイナスからのスタートだったと思っているはずだ。また、両親の面倒を見てきた負担もある。会社員として安定した暮らしをしてきた二男とは、人生の苦労が全然違うとも思っている。しかし、兄弟で争いたくなかったため、本来自社株は遺産分割に関係ないと思ったが、二男のために「自社株を含めて均等に分けよう」と提案したのだ。

二男は、長男だからという理由だけで会社を継ぎ、高給を得、地位も名誉も手に入れ、周囲からチヤホヤされ、自由に会社を差配し、親からも頼りにされている長男のことを面白く思っていなかった。先に生まれて来ただけで生き方に差をつけられるのは差別だと思っていた。常に兄のお下がりばかり着せられていた自分の悔しさは、兄にはわからないだろうと思っていた。「隣の芝生は青い」…、サラリーマンの二男には、会社を建て直した長男の苦労はわからないだろう。

「寄与分」に該当するか模索したが…

長男は、良かれと思ってした提案を二男に否定され、何か自分に有利な交渉材料はないかと弁護士に相談した。

まず、「僕が親の面倒をみた負担は、寄与分[*13]に該当するのではないか」と相談した。残念ながら、親の面倒をみたことは、長男の寄与分に該当しない。親の面倒をみるのは子であれば当たり前の話であり、扶養と考えられるからだ。扶養を超える「特別の寄与」があれば認められる可能性もあるが、長男には、そこまでの寄与は認められなかった。たとえ二男が親の面倒をみなかったとしても、だからといって長男に寄与分は発生しないのだ。

次に、「自社株評価を 30 倍にしたのは僕の手腕であり、親の財産価値を増加させている、これこそ寄与分ではないか」と主張した。残念ながら、これも長男の寄与分には該当しない。というのも、自社株評価は長男名義になってから上昇しており、自身の財産を増やしたに過ぎないからである。百歩譲って、自社株が父名義のまま長男が頑張って会社の価値（自社株評価額）を上昇させたとしても、寄与分には該当しないと考えられる。それは、長男は勤務に見合う給与を得て働いていただけだからである。

仮に父が「すべての財産を長男へ相続させる」と記載した遺言書を作成していた場合、二男は長男へ遺留分減殺請求[*10]権を行使することができる。ところが、平成 30 年の民法（相続法）改正により、令和元年 7 月 1 日から「遺留分減殺請求」は「遺留分侵害額請求」と名称が変わり、かつ特別受益の持戻しが原則として相続発生前の 10 年間に限定された。改正後であれば、長男が 13 年前に父から贈与された自社株は遺留分の対象ではなくなるので、話が大きく変わってくる。

自身の頑張りが仇となった長男は、今までの頑張りは何だったのか、途方に暮れている。頑張らなければよかったとさえ思っている。

本事例から学ぶ教訓

① 遺産分割は財産の前渡し（特別受益）を含めて話し合い、その評価は現在価値である。

② 令和元年7月1日以降、原則として10年より前に贈与した財産は、民法（相続法）改正により遺留分の対象外に。

遺留分侵害額請求

　以前の法律では、遺留分減殺請求がされると、遺留分を侵害した限度で贈与または遺贈は失効し、すべての遺産が相続人等の共有となったため、遺産が不動産であれば建替え・売買等に支障をきたし、自社株であれば会社の運営に支障をきたす等の問題点があった。

　また、遺留分権利者（遺留分を請求する人）は、特定の財産（例えば自社株）だけを選択して請求することはできず、金銭的解決の選択権も与えられていなかった。一方、遺留分義務者（遺留分を請求されている人）は、遺留分に見合う金銭を価額弁償することもできるし、現物分割することもできると、解決策に不公平もあった。

　そこで、平成30年7月6日に成立（平成30年7月13日公布）した「民法及び家事事件手続法の一部を改正する法律」により、名称が「遺留分侵害額請求」と改正されるとともに、現行の物件的請求権を金銭的請求権に変更する改正が行われた。

　改正後民法第1046条「遺留分権利者及びその承継人は、受遺者又は受贈者に対し、<u>遺留分侵害額に相当する金銭の支払を請求することができる</u>」（下線は筆者）

　この改正により、遺産は相続人等の共有とはならず、金銭で解決する方法が基本となった（令和元年7月1日施行）。

　なお、遺留分侵害額請求権行使の期間制限は、①遺留分権利者が、相続の開始または遺留分を侵害することを知ったときから1年以内、②相続開始のときから10年を経過するまでであり、請求期限が区切られている点に注意してほしい。

遺留分算定方法の改正

現行では、次の表のとおり、相続人への特別受益（贈与等）には時期的な制限が設けられていないため、遺留分権利者が算定基礎財産を算定するのに相当な労力を必要とした。また、相続開始時の財産が債務超過の状態であっても、過去何十年前に行われた贈与が、現在価値に置き換えられたうえで基礎財産に持ち戻される（しかも、積極財産のみ加算される）ため、債務超過状態であっても遺留分相当の価額弁償を行わなければならない場合があることも問題視されていた。

【現行】

対象者	考え	算定基礎財産に算入する贈与
相続人以外への贈与	通常	相続開始前1年間のみ（持ち戻す）
	損害を与える意図あり	（時期を問わず）すべて（持ち戻す）
相続人への贈与	―	

そこで、平成30年7月6日に成立（平成30年7月13日公布）した「民法及び家事事件手続法の一部を改正する法律」により、相続人への特別受益（贈与等）は原則として相続開始前10年以内のものに限定する改正が行われることとなった（令和元年7月1日施行）。

【改正後】

考え	対象者	算定基礎財産に算入する贈与
―	相続人以外への贈与	相続開始前1年間のみ（持ち戻す）
	相続人への贈与	相続開始前10年間のみ（持ち戻す）
損害を与える意図あり	―	（時期を問わず）すべて（持ち戻す）

この改正により、「今のうちに、少しでも早く財産を渡してしまおう」と考えてしまいがちだが、損害を与える意図をもってした贈与等は時期を問わずすべて持ち戻すことになるので、安易な考えは慎むべきと思う。

『土地の相続税評価額と時価が異なり、高額な代償金が必要に』

トラブルの経緯

　母は長男家族と一緒に暮らしていた。その母が死亡した、享年83歳。父は12年前に死亡しており、相続人は息子2人。母の財産は自宅の土地だけであった（自宅家屋は長男名義）。遺言はない（図表1）。

　自宅土地の相続税評価額は1億円だった。しかし、同居している長男がその土地を相続すれば、一定の要件のもと、小規模宅地等の特例「特定居住用宅地等[*2]」の適用を受けることができるため、課税価格が相続税の基礎控除額以下に収まり、相続税をゼロにすることがで

図表1 親族関係図

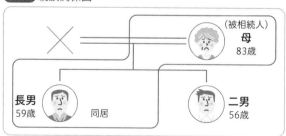

きる。

そこで、長男は「長男が自宅土地を相続する代償として、自宅土地評価額の半分である金 5,000 万円を二男へ交付する」案を提示した。

ところが、二男から「自宅の土地がそんなに安いはずはない。時価の半分を支払ってくれれば納得する」と言われ、駅前の不動産業者に聞いたところ、自宅土地の時価が 1 億 8,000 万円もすることが判明した。

長男は、9,000 万円もの大金をどうやって調達したらよいか悩むとともに、「高額な代償金を支払ったら相続税がかかってしまう」と税理士に言われ、途方に暮れている（図表 2）。

どうすればよかったのか

問題は、①長男が二男へ支払うべき代償金は 5,000 万円なのか 9,000 万円なのか、②相続税がかからないはずだったのに、なぜかかってしまうことになるのか、の 2 つである。

まず、①長男が二男へ支払うべき代償金は 9,000 万円である。遺産分割の原則は「話し合ったとき」の「時価」であり、時価 1 億 8,000 万円の自宅土地を相続する長男は、その代償として二男へ 9,000 万円を支払わなければならない。

図表2 遺産分割の詳細

相続財産	相続税評価額 （特例適用後）	時価	長男	二男
自宅土地	10,000万円 （2,000万円）	18,000万円	18,000万円	
代償金			▲9,000万円	9,000万円
差し引き		18,000万円	9,000万円	9,000万円

二次相続でこのような事態が起こらないように、長男が一次相続で自宅土地の半分を相続しておけばよかった。一次相続でも長男は同居親族として小規模宅地等の特例の適用を受けることができたのだから、先に手を打っておく考え方もあったはずだ。

　と同時に、母が「受取人を長男」と指定した終身保険に加入し、長男はその保険金を原資に二男へ代償金を支払う方法もあっただろう。

　何も対策を講じず、二男が頑なに代償金 9,000 万円にこだわった場合、長男はどこからか資金を借りて支払うか、最悪自宅を売却して支払うしかない。

　次に、②について、長男が二男へ支払った代償金だけで相続税の基礎控除額を超えてしまうため、相続税が発生してしまうのだ。

　二次相続で余計な相続税が発生しないよう、一次相続での検討が重要だった。今回は代償金の額を基礎控除以内に収めるしかないだろう。

解　説

　母の自宅は都内の閑静な高級住宅街にあった。父が死亡した際、両親と一緒に暮らしていた長男が自宅の土地建物をまとめて相続する案もあったが、土地は、母死亡時の二次相続で長男が相続すれば再度「小規模宅地等の特例」を受けられるため、息子2人は金融資産を中心に相続することにした。当時はリーマン・ショックの後であり、地価がこれほど高騰するとは思ってもみなかった背景もある。自宅建物は、将来のリフォーム費用等の負担を考え、長男が相続することにした。

　自宅土地の相続税評価額は1億円だったが、同居している長男がその土地を相続することで、小規模宅地等の特例「特定居住用宅地等」の適用を受けることができるため、自宅土地の相続税評価額が80%

減額され、課税価格を 2,000 万円（＝ 1 億円 ×20％）まで引き下げることができる。相続税の基礎控除額は 4,200 万円（＝ 3,000 万円 ＋（600 万円 × 相続人 2 人））なので、その他要件を満たしていれば、相続税をゼロにすることができる。

「いつの」「何を」基準にするかを決めておく

「相続」と「相続税」は違うことに注意してほしい。相続は「民法」であり、遺産分割は「話し合ったとき」の「時価」が基本である。一方、相続税は「相続税法」であり、相続税の申告は「相続発生日」の「相続税評価額」が基本となる（図表 3）。

遺産分割の話合いでよく問題になるのが、株式や投資信託等値動きの大きい財産である。

例えば、2 月 1 日に死亡した際、被相続人が 3,000 万円の投資信託を保有していたとする。その後、6 月 1 日に遺産分割を話し合ったところ、その投信信託が 2,400 万円に下がっていたら、どうなるだろうか。相続税申告書には「有価証券 3,000 万円」と記載され、その額に応じた相続税が課税されることになる。一方、遺産分割は「そのときの時価である 2,400 万円をどう分けるか」を話し合うことになる。

しかし、「投資信託はすべて長男が相続し、代償金として長男が二男に対し金 1,200 万円支払う」旨約し、実際に 10 月 1 日に手続きを

図表3 「相続」と「相続税」の違い

	相　続	相続税
法　律	民　法	相続税法
時　期	話し合ったとき	相続発生日
価　額	時　価	相続税評価額

行うべく証券会社へ出向いたところ 2,700 万円まで回復していたとしたら、二男は 1,200 万円の代償金で納得するだろうか。「だったら1,350 万円欲しい」と言わないだろうか。

　この問題に対する絶対の解決策はないが、話し合う前に「いつの」「何を」基準に話し合うか等の前提条件に合意しておけば、お互い"恨みっこなし"となり、その後の値動きを気にしないで済むだろう。

　本ケースに戻ると、長男は時価 1 億 8,000 万円の土地を相続しているため、その半分の 9,000 万円を二男へ支払うことで、相続人 2人が均等に遺産を分割したことになる。長男が相続した土地の価値は1 億円ではないのだ。

代償分割の際は課税価格の計算に注意

　具体的に、長男と二男の相続税の課税価格がどうなるか見てみよう。

　二男は、長男から支払われた代償金 9,000 万円が課税価格となる。

　長男は、特例適用後の土地評価額 2,000 万円から二男へ支払った代償金 9,000 万円を控除すると▲ 7,000 万円となり、課税価格は 0となる。「長男の取得財産から引ききれなかった 7,000 万円」は"足切り"となり、二男の課税価格から控除することはできない。

　この結果、長男の課税価格は 0、二男の課税価格は 9,000 万円、合計 9,000 万円と基礎控除額 4,200 万円を上回り、620 万円の相続税が発生してしまうのだ。この相続税は、全額二男の負担となる。

　なお、国税庁タックスアンサー No.4173 「代償分割*1 が行われた場合の相続税の課税価格の計算」の 2 （1）に、代償分割の対象財産が特定されている場合の計算方法が紹介されている（図表 4）。

　これを本事例に当てはめ、具体的に、相続人 2 人の課税価格を計算すると、図表 5 のようになる。

図表4 代償分割が行われた場合の相続税の課税価格の計算

<u>代償分割の対象となった財産が特定され</u>、かつ、<u>代償債務の額がその財産の代償分割の時における</u>通常の取引価額を基として決定されている場合には、その代償債務の額に、<u>代償分割の対象となった財産の相続開始の時における</u>相続税評価額が代償分割の対象となった財産の代償分割の時において通常取引されると認められる価額に占める割合を掛けて求めた価額となります。

（下線は筆者）

図表5 「原則どおりの計算」と「特別な計算」による相続税の違い

1. 原則どおりの計算
   (1) 長男の課税価格　　特例適用後の土地評価額2,000万円 − 代償金9,000万円＝<u>0</u>
   (2) 二男の課税価格　　代償金<u>9,000万円</u>

2. 特別な計算
   (1) 長男の課税価格　　特例適用後の土地評価額2,000万円 − {代償金9,000万円×(土地評価額10,000万円÷土地時価18,000万円)}＝<u>0</u>
   (2) 二男の課税価格　　代償金9,000万円×(土地評価額10,000万円÷土地時価18,000万円)＝<u>5,000万円</u>

図表6 計算後の相続税額

1. 原則どおりの計算

相続財産	課税価格	時価	長男	二男
自宅土地	2,000万円	18,000万円	2,000万円	
代償金			▲9,000万円	9,000万円
課税価格	9,000万円		0万円	9,000万円
相続税	620万円			620万円

2. 特別な計算

相続財産	課税価格	時価	長男	二男
自宅土地	2,000万円	18,000万円	2,000万円	
代償金			▲9,000万円	5,000万円
課税価格	5,000万円		0万円	5,000万円
相続税	80万円			80万円

結果、「2. 特別な計算」を適用させたほうが課税価格を抑えることができる。「2. 特別な計算」であれば、二男が負担する相続税額は80万円で済み、「1. 原則どおりの計算」により計算された相続税額620万円に比べ、540万円も負担を軽くすることができる（図表6）。税理士に、しっかり確認してほしい。

<table>
<tr><td rowspan="2">本事例から学ぶ
教訓</td><td>① 相続税は「相続発生時」の「相続税評価額」だが、遺産分割は「話し合ったとき」の「時価」であり、「評価額」と「時価」が大きく乖離している場合は注意する。</td></tr>
<tr><td>② 代償分割の財産が特定されている場合は、「特別な計算」を適用させることで課税価格を抑えることができる。</td></tr>
</table>

相続前贈与の加算期間の延長

　相続または遺贈により財産を取得した者が、相続開始前3年以内に被相続人から贈与を受けていた場合、相続税の課税価格に当該贈与財産が加算される。この取り扱いが令和5年度税制改正により見直しされることとなった。

　具体的には、「相続開始前3年以内」とされていた相続財産に加算される贈与財産の対象期間が、令和6年1月1日以後に行われる贈与から「7年間」に延長されることになったのだ。

　ただし、7年延長の加算対象となる財産は、令和6年1月1日以後に行われた贈与のため、令和6年から毎年1年ずつ加算期間が延長されていき、実際に7年間加算されるようになるのは令和13年1月1日以後に開始した相続からになる（下図参照）。

　なお、3年から7年に延長された4年間に受けた贈与（相続開始前3年より前に行われた贈与）からは総額100万円を控除することができる。

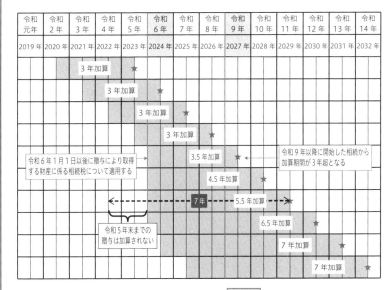

★相続開始（7月1日）　　加算期間

『認知症の母が書いた遺言は有効か？』

トラブルの経緯

　10年前に父が死亡した際、母がすべての財産を相続している。そのことについて当時子どもたちは誰も異論を挟まなかった。母の相続人は、長男、長女、二男の3人である（図表1）。

　3年前、母は、自分に相続が発生した場合、子どもたちが余計な話合いをしなくて済むようにと、司法書士に相談し、公正証書遺言を作成した。作成した遺言書の内容は図表2のとおり、自宅は同居して

図表1 親族関係図

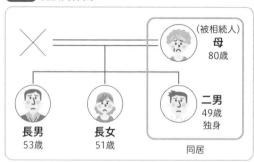

いる独身の二男へ相続させ、金融資産は子3人に均等に相続させる内容であった。

　母が死亡し、公正証書遺言を預かっていた長男が同遺言書に基づいて手続きを進めようとしたところ、二男が僕も「遺言書を預かっている」と別の遺言書を出してきた。その遺言書は自筆証書遺言であり、作成した日付は相続発生の2ヵ月前、「すべて二男に相続させる」と書いてある。

　当時、母は特別養護老人ホーム（以下「特養」という）に入所中であり、要介護4、認知症が進行し、親子でも会話が成立しにくい状態であった。そこで、「その日付で遺言書を作成できるわけがない」ともめ、争族になってしまった。

どうすればよかったのか

　本件は、遺言書の有効性を巡りトラブルとなった事例である。遺言書は、常に一番新しい日付のものが有効であり、自筆証書遺言であっても、公正証書遺言より日付が新しければ、そちらが有効となる。

　公正証書遺言は、公証人立ち会いのもとで作成されるため、遺言者の意思が明確に反映されていると考えられ、法的なトラブルに発展す

図表2 遺言に記載されていた内容

母の財産	遺言で指定された相続人	相続税評価額	小規模宅地等の特例適用後の評価額
①自宅	二男	3,000万円	600万円
②金融資産	子3人がそれぞれ3分の1ずつ	3,600万円	3,600万円
合　計		6,600万円	4,200万円

るケースは少ない。

　一方、自筆証書遺言は1人で作成できるため、本当に自分の意思で作成したのか、誰かに書かされたのではないか、作成当時遺言能力があったのか、そもそも偽造されたのではないか等トラブルになることが多い。

　例えば、判断能力が衰えたと思ったら、法定後見を申し立て、母の行為に制限をかける等の対策案が考えられた。適宜認知症に関する医師の診断書を取っておく手もあっただろう。遺言能力が衰えているにも関わらず新たな遺言書を作成させないためだけでなく、母が詐欺等にかからないためにも有効な対策案だと思う。

　しかし、24時間母を見張っているわけにもいかず、形式的な対策には限界がある。月並みだが、親子、兄弟姉妹のコミュニケーション、周囲の目配り・気配りが重要であろう。

解　説

　普通方式遺言には、①自筆証書遺言、②公正証書遺言、③秘密証書遺言の3種類あるが、作成の形式はそれぞれ異なっても、遺言の効果という点ではどれも同じである。すなわち、何十ページにわたる公正証書遺言を作成しても、その後に自筆証書遺言が作成されれば、新しい日付である自筆証書遺言が有効となる。遺言書の文言・内容によっては前に作成された遺言が部分的に有効な場合もあるが、本件のように「すべて二男へ」と包括的に遺贈されている場合、前に作成された遺言に有効な部分はない。

　なお、自筆証書遺言の場合、相続発生後に遅滞なく遺言書を家庭裁判所に提出し「検認」を請求しなければならない。検認は、遺言書の

偽造・変造を防止するための手続きであり、遺言書の有効・無効を判断する手続ではないが、検認を受けない限りその自筆証書遺言を基に相続手続きを進めることはできないので注意が必要だ。

公正証書遺言は、30年以上の実務経験を有する裁判官や検察官、弁護士等法律の専門家の中から法務大臣が任命する公務員である公証人立ち会いのもとで作成されるため、法的な有効性について争われるケースはほとんどない。

例外的に、公証人のミスを認め公正証書遺言が無効となったケースもあるが、公証人を相手取り無効を訴える場合、国家賠償責任を問うことになるので、ハードルはかなり高い。

本件は、元々同居していた二男が「まだらボケ」の状態である母を騙して自分に有利な遺言を作成させたのではないか、と長男および長女が疑ったことから生じたトラブルである。

母が特養に入所後も、身の回りの世話は継続して二男が行っていた。長男も長女も月1回ほど顔を出す程度で、特段二男の負担を気にかける様子もなかった。そのことを面白く思っていない二男が母を騙して遺言書を作成させたのかどうかは不明だが、すべては"後の祭り"である。

遺産分割が成立しないと特例が受けられない

ところで、相続または遺贈により基礎控除額を超える財産を取得した場合、被相続人が死亡したことを知った日の翌日から10ヵ月以内に相続税の申告・納税を行わなければならない。

母の相続人は子3人だったため、基礎控除額は3,000万円＋（600万円×相続人3人）＝4,800万円となる。

母の財産は図表2のとおり、元々の相続税評価額は6,600万円だっ

たが、自宅を特養入所前から同居している二男が相続することにより、一定の要件のもと、小規模宅地等の特例「特定居住用宅地等*2」の適用を受けることができ、同特例適用後の相続税評価額は基礎控除額4,800万円を下回る4,200万円となり、結果相続税が発生しないことになる。

ただし、同特例の適用を受けるためには、相続税申告期限内に、遺産分割が成立したことを証する書面を添付したうえで所轄の税務署へ相続税申告書を提出しなければならない。相続人全員で合意した「遺産分割協議書」や法的に有効な「遺言書」が、この添付書類に該当する。

つまり、どちらの遺言書であっても、法的に有効な遺言書であれば、期限内に申告することにより相続税をゼロにすることができるのだ。

自分の利益のために遺言書を偽造すると…

ところで、民法891条には「相続欠格事由」として図表3が定められている。

ただし、民法891条5項の行為が相続欠格事由に該当するためには、自己の利益を得る目的があったことが要件とされている（平成9年1月28日、最高裁判決）。

これを本件に当てはめて考えてみると、もし二男が母を騙して遺言書を作成させたのであれば民法891条4項に抵触し、偽造したのであれば同条5項に抵触し、それぞれ相続欠格事由に該当すると思わ

図表3 相続欠格事由【民法891条】

4	詐欺又は強迫によって、被相続人に相続に関する遺言をさせ、これを取り消させ、又はこれを変更させた場合
5	相続人が、相続に関する被相続人の遺言書を偽造・変造・破棄・隠匿した場合

（下線は筆者）

れる。

　本件は、すでに死亡してしまった母（＝遺言者）の遺言能力の有無を、死亡後数ヵ月経ってから判断するという極めて難しい作業であり、証拠も乏しい中、長男と長女としては打つ手がほとんどなく、お手上げ状態であった。

　結局、世帯を有し、日ごろの生活に困窮していない長男と長女は自筆証書遺言の有効性を巡る裁判を起こさず、二男に対し遺留分減殺請求権を行使することを選択した。

　というのも、偶然であるが、元々の公正証書遺言で指定された長男および長女の相続額は、金融資産 3,600 万円 ×1/3 ＝ 1,200 万円なのに対し、自筆証書遺言をベースにした遺留分も（自宅時価 3,600 万円 ＋ 金融資産 3,600 万円）× 遺留分 1/6 ＝ 1,200 万円と同額であったため、「母が元々指定してくれた分だけ相続できれば十分」と考えたからである（なお、自宅の時価は 3,600 万円であった）。

　二男は独身であり、いずれ自身の介護や老後の世話等で長男もしくは長女の子（甥、姪）の世話になる事態が考えられるが、本件争族を間近で見てきた甥・姪たちが二男を快く思うわけがなく、二男（叔父）の面倒をみる気がある甥・姪は誰もいないだろう。最終的に誰が得したのか、考えさせられる案件であった。

本事例から学ぶ教訓

① 遺言書は、様式を問わず、常に新しい日付のものが有効である。

② 判断能力が衰えたら、法定後見を申し立てる、認知症に関する医師の診断書を取るなどの対処が必要。

自筆証書遺言の保管制度

　現行、自筆証書遺言には保管制度がないため、紛失、隠匿、変造等のおそれが絶えず指摘されている。また、「遺言書が存在しないものとして遺産分割協議したところ、後日遺言書が発見され無駄な時間を過ごしてしまった」とか、「自分に不利な内容だったため廃棄してしまった」等の問題も耳にする。さらに、家庭裁判所での検認が必要なため、遺言保有者が迅速に検認手続きに協力しなかったり、検認を受けたのに形式不備で法的に無効だったりと、遺言トラブルの多くが自筆証書遺言といわれている。

　そこで、平成30年7月6日に成立（平成30年7月13日公布）した「法務局における遺言書の保管等に関する法律」により、①法務大臣が指定する法務局が保管場所となること、②家庭裁判所での検認が不要となることが決まった（施行は令和2年7月10日）。

　この改正により、自筆証書遺言の紛失等の恐れや、検認に要する負担が軽減されるため、先に改正された自筆証書遺言の方式緩和（財産目録は自書不要、令和元年1月13日施行）と相まって、遺言作成に対するハードルがグッと下がるのではないかと期待されている。

　ただし、必ず遺言者本人が法務局へ出頭し、無封状態の自筆証書遺言を提出しなければならないため、入院中の人等は出頭する方法を考えなければならない。

　また、そもそも家庭裁判所における検認は、遺言書の状態を確認する手続きに過ぎず、遺言書の中身にお墨付きを与えるものではないため、間違った内容や、法的に無効な文言であっても形式さえ整っていれば完了してしまう。つまり、今改正により自筆証書遺言の検認が不要となっても、法務局預入時に内容についての誤りを指摘されるわけではないため、実際にその遺言を執行する際「こんはずじゃなかった」となる可能性もあるのではないだろうか。やはり、遺言作成はしっかり専門家のサポートを受けながら進めるべきと思う。

なお、遺言者が死亡した後、相続人等が法務局（遺言書保管所）に保管されている遺言書を閲覧したり、「遺言書情報証明書（遺言者の氏名、出生の年月日、住所および本籍、目録など、遺言書の画像情報が表示されている遺言書の内容証明書）」の交付を受けた場合、すべての相続人等に対し、法務局の担当官（遺言書保管官）から「遺言書を保管している旨の通知（関係遺言書保管通知書）」が届く。

　この通知により、すべての相続人等に故人の自筆証書遺言書が法務局に保管されていることが伝わることになる。

　遺言者死亡後であっても、相続人などが遺言書の閲覧等をしなければ、通知はされない。

『遺言の口約束が原因で実家の相続が困難に』

トラブルの経緯

　父の家族は、後妻と先妻の子1人である（図表1）。父が41歳のとき、先妻が癌により40歳の若さで他界した。父は、当時10歳だった長男の養育のことを考え、見合いにより現在の妻（後妻）と婚姻した。長男も後妻になつき、言わなければ本当の親子にしか見えないほ

図表1 親族関係図

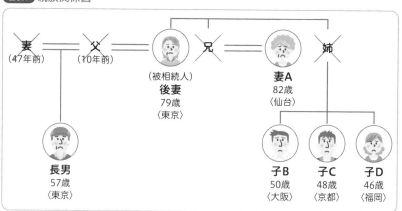

ど良好な関係を続けてきた。

　10年前、父が78歳で死亡した。当時後妻は69歳、長男は47歳であった。遺言はなかったが、父の財産である自宅と金融資産のすべてを後妻が相続することに長男は合意した。後妻の年齢を考えると、まだ老後は長く、実母のように接してくれた後妻は長男にとって実母以上の存在であり、それが当然だと考えたからだ。しかも、後妻は「私が死亡したら全財産が長男へ行くように遺言を書くからね」とも言ってくれたので、長男は安心して後妻に相続してもらうことにした。

　その後、後妻が死亡した、享年79歳。長男は当然自分が相続するものと考え後妻の遺言書を探したが、どこにも見当たらない。遺言がない場合、自分には一切相続権がないことを知った。後妻と長男の間に戸籍上の血縁関係がなかったからである。

　慣れ親しんだ実家を相続するためには、後妻の相続人である親戚たちと交渉するしかなく、長男は途方に暮れている。

▌どうすればよかったのか

　相続は「戸籍がすべて」であり、法律で定められた人にしか相続権は認められていない。つまり、配偶者を除き、血縁関係がない人には一切相続権はないのだ。

　一番簡単な解決方法は、生前に後妻と長男が養子縁組を結ぶことであった。そうすれば、後妻の相続人は養子である長男1人になり、遺産分割することなくすべての財産を長男が単独で相続することができた。

　約束どおり、後妻が「すべての財産を長男へ遺贈する」と遺言書を作成する手もあった。兄弟姉妹（甥姪）には遺留分がないので、この

方法でも後妻の財産をすべて長男が相続することができた。ただし、この場合、遺贈になるので遺言執行手続きには遺言執行者が必要であること、相続税がかかる場合、後妻から見たら長男は一親等以内の血族ではないため相続税額が2割加算されること、に注意が必要である。

父が元気なうちに【委託者＝父、受託者＝長男、受益者＝父→後妻→長男】の「受益者連続型」の信託契約を締結する手も考えられた。そうすれば、後妻死亡後、長男が同契約に基づき財産を取得することができた。ただし、新しい信託制度にはその取扱いや解釈に不透明な部分も多く、争いとなった場合、最終的に裁判所がどのように判断するかは「やってみないとわからない」と言われており、慎重な対応が求められる。

「生前であればどうにでもなったのに」…と思うと、残念でならない。

また、平成30年の民法（相続法）改正により、令和2年4月1日から「配偶者居住権」が創設された。詳しくはcolumnを参照してほしいが、仮に父死亡時に配偶者居住権があった場合、後妻が配偶者居住権を相続し、長男が負担付所有権を相続することで、後妻の死亡により配偶者居住権が自動的に消滅し、長男がそのまま実家を承継することができたであろう。自宅不動産だけの話であるが、今後の実務として踏まえておいてほしい。

解　説

相続は「戸籍がすべて」である。どんなに親しくても、長らく一緒に暮らしていても、家族同然に過ごしていても、婚姻や養子縁組しない限り相続権は発生しない。

法定相続人が1人もいない場合、内縁関係や事実婚状態の人に、「特

別縁故者」として相続する権利が与えられるケースもあるが、通常は遺言でもない限り、配偶者を除き、血縁関係のない人が被相続人の財産を相続することはできない。

長男にしてみれば、10歳から親子同然に過ごしてきた後妻が遺言書を作成しなかっただけで、これほど大問題になるとは思わなかっただろう。一般の人に、「相続は戸籍がすべて」と言うのも酷な話だと思う。

亡くなる順番によっては相続権が複雑に

後妻の財産は、ほぼ父から相続した財産だけであった（図表2）。長男が後妻の財産を取得するためには、後妻の相続人と交渉するしかない。

後妻には実子も養子もいなかった。すでに両親も他界している。そのため、後妻の相続人は、兄弟姉妹になる。後妻は3兄弟の末っ子だった。

後妻の兄は、後妻が死亡した4カ月後に死亡した。兄に配偶者はいたものの、子はいなかった。兄の妻Aに後妻の相続権はないが、後妻死亡時健在だった兄には後妻の相続権がある。しかし、兄は、その相続権を行使する前に死亡してしまっている。そこで、兄の相続人が

図表2 財産の明細

財産明細	相続税評価額	時 価
①自宅	3,000万円	4,000万円
②預貯金	1,000万円	1,000万円
③上場株式	500万円	500万円
合 計	4,500万円	5,500万円

兄に成り代わって、後妻に対する兄の相続権を行使することになる。兄の相続人は、妻Ａ、姉の子Ｂ、子Ｃ、子Ｄである。つまり、兄の相続分について長男が話し合う相手は、妻Ａ、子Ｂ、子Ｃ、子Ｄの4人となる。

後妻の姉は後妻より先に死亡しており、子が3人いた。そこで、姉の相続分について長男が話し合う相手は、子Ｂ、子Ｃ、子Ｄの3人となる。

姉の子である子Ｂ、子Ｃ、子Ｄは、それぞれから見た場合、伯父の相続権を行使する立場と、母である姉の代襲相続人としての立場、2つの立場を有していることになる。それぞれの立場で、一つずつ処理をしていくことになる。

非常にややこしい話であるが、順を追って、一つ一つ紐解いていくしかない。

後妻も長男も東京で暮らしていた。長男が生まれ育った実家も東京にある。

一方、後妻の兄の妻Ａは仙台で暮らしていた。82歳と高齢であり、一人暮らしは何かと物騒なため、自宅を空き家にしたまま、老人ホームに入所していた。軽い認知症が疑われ、難しい話を理解するのは困難な状態であった。

後妻の姉はすでに死亡し、その子のうち、子Ｂは大阪で、子Ｃは京都で、子Ｄは福岡でそれぞれ暮らしていた。

大阪で暮らす子Ｂは男性、50歳、会社員、多忙なため平日に時間を取ることは難しく、土日に時間を作ってもらうしかなかった。

京都で暮らす子Ｃは男性、48歳、飲食店舗経営（自営業）のため、土日に時間を取ることは難しく、平日もほぼ休みがなく、休みが取れても不定期と、なかなか時間を作ってもらえなかった。

福岡で暮らす子Dは女性、46歳、専業主婦であった。夫が単身赴任中であり、中学生と小学生の子を抱え、夫の両親も他界しており子を預ける先がなく、長い時間家を空けることができない状態であった。

長男が交渉すべき登場人物は4人であるが、仙台、大阪、京都、福岡と全国に散っていた。それだけでも大変なのに、妻Aには認知症の疑いがあり、心身の状態によっては後見人が必要になる可能性があった。子Bは土日しか会えず、子Cは会えても平日、しかも直前にならないと会えるかどうかはっきりしない、子Dも忙しく、全員揃っての話合いは物理的に不可能に近かった。

長男にも仕事があるため、相手の都合に合わせ休みが取得できるとは限らず、仮に相手が話合いに応じてくれたとしても、理解を得るためには相当な時間と労力が必要になることは誰の目にも明らかであった。

無償で贈与してくれればよいが…

長男が後妻の財産を取得する前提として、まず、後妻の財産を、いったん妻A、子B、子C、子Dが相続しなければならない。そのうえで、長男への移転を考える「2段階方式」が通常の手続きになる。そのためには、妻A、子B、子C、子Dに、後妻の遺産分割協議を行ってもらう必要がある。名義変更等の相続手続きが進まない状況では、誰と、何を、交渉すべきなのかがはっきりしないからだ。

妻A、子B、子C、子Dが後妻の財産を相続した後は、①売買、②贈与等の方法により財産の移転を検討することになる。快く無償で贈与してくれればよいが、売買となった場合、長男に買取資金が必要となり、売主には譲渡税が課税される可能性がある。また、贈与となった場合、長男には贈与税が課税される。

妻A、子B、子C、子Dが後妻の相続を放棄し、長男が特別縁故者の申立てを行う方法も考えられる。本件の場合、長男が特別縁故者として認められる可能性が高いと思うが、相当な時間がかかり、かつ後妻の全財産が長男へ承継されるとは限らないので、確実とは言えない。

　いっそのこと、後妻の相続手続きを何もせず、長男が実家で暮らし続け、時効により実家不動産の取得を目指す手もあるが、20年もの間、平穏に、善意無過失で実家を占有し続ける必要があるため、解決が相当先になり、かつ絶対に取得できると決まったわけではないので、現実的な策とはいえない。しかも、不動産以外の金融資産の問題も残ってしまう。

本事例から学ぶ 教訓

① 相続は「戸籍が命」、人の話を鵜呑みにせず、より確実な方法を選択すべき。一番簡単な方法は、血のつながりのない後妻と長男の養子縁組。

② 令和2年4月1日に施行された「配偶者居住権」の活用が考えられる。

配偶者居住権

　以前より、法定相続割合のとおりに遺産分割した場合に、配偶者の老後生活に支障をきたすことがあるとの指摘があった。具体例で見てみよう。

例：夫が死亡、相続人は妻と子、遺産は自宅 2,000 万円と現金 2,000 万円

　法定相続割合のとおり相続した場合、妻が自宅の相続を希望すると、現金はすべて子が相続することになる。

　これでは、残された高齢の妻の生活が不安定になってしまう。

　そこで、平成 30 年 7 月 6 日に成立（平成 30 年 7 月 13 日公布）した「民法及び家事事件手続法の一部を改正する法律」により、自宅を利用権である「配偶者居住権」と、所有権である「負担付所有権」に分けて相続できる制度が創設された（令和 2 年 4 月 1 日施行）。

　上記の例で、例えば配偶者居住権が 1,000 万円、負担付所有権が 1,000 万円と仮定すると、妻は配偶者居住権 1,000 万円 + 現金 1,000 万円 = 合計 2,000 万円、子は負担付所有権 1,000 万円 + 現金 1,000 万円 = 合計 2,000 万円を、それぞれ相続することが可能となる。

　配偶者居住権の存続期間は配偶者が死亡するまでの終身（期間を定めることもできる）であるが、配偶者居住権は譲渡できないため、将来老人ホーム等の施設入所費用を自宅売却資金で賄おうと考えているなら採用しないほうが無難かもしれない。

　また、平成 31 年度の税制改正で配偶者居住権の評価方法が示されたが、配偶者の平均余命を勘案した計算になるので、配偶者が若い場合、配偶者居住権の評価が高くなり、その他の現金等はあまり相続できない。一方、配偶者が高齢の場合、配偶者居住権の評価が低くなるため、より多くのその他現金等を相続することが可能となる。このあたり、実際に適用するかどうかは難しい判断だ。相続人が後妻と先妻の子で対立関係にある場合は活用すべきと思うが、一般家庭で適用を勧めるかというと何ともいえない。ケース・バイ・ケースで慎重に検討すべきと思う。

『遺産の一部を先行して分割した結果、やり直しが困難に』

トラブルの経緯

　母が死亡した、享年87歳。父は12年前に死亡しており、相続人は長男、長女、二女の3人である（図表1）。

　母の財産は、長男家族と一緒に暮らす自宅と金融資産だけであり、遺言書はない。

　子3人で遺産分割を話し合った際、長男が「自宅は僕が家族と暮らしているのだから僕でよいだろう」と主張したため、自宅のみ先行

図表1 親族関係図

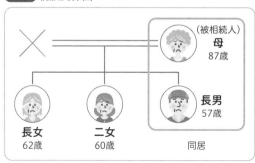

して長男名義に登記した。

　その後、自宅以外の財産について話し合ったところ、母の金融資産が1,200万円しかないことが判明した。しかも、自宅が6,000万円もすることがわかり、これでは長女と二女が主張する「法定割合どおり、各相続人が3分の1ずつ均等に相続」の実現は不可能である（図表2）。

　「いくら何でも不公平だ」と長女と二女が遺産分割のやり直しを求めたところ、税理士より「贈与税が課税される場合がある」と注意され、行き詰まってしまった。

どうすればよかったのか

　相続財産の全体像がつかめないうちに、一部の財産についてだけ分割を先行させてしまうと、後で話し合おうと思っていた財産が予想より少なかった場合に調整がつかず、話合いが滞ってしまう場合がある。条件が複雑になればなるほど、解決の糸口が見い出しにくくなる。内容によっては最悪白紙に戻して話し合わざるを得ない場合もあり、結局時間の無駄だったとなりかねない。

　余計なトラブルを避けるためにも、相続財産が確定するまでは遺産

図表2 財産の明細

	相続税評価額 （特例適用後）	時　価	取得者	名義変更
①自宅	4,600万円 （1,400万円）	6,000万円	長男	済
②金融資産	1,200万円	1,200万円	未分割	未
合　計	5,800万円 （2,600万円）	7,200万円		

分割の話合いを行わないほうが無難であろう。

　一番の問題は、法的には何度でも遺産分割のやり直しが認められているのに対し、税務的には認められていないことだ。遺産分割をやり直した場合、税務的には「新たに取得した財産は相続ではなく、贈与や譲渡・交換等で取得したもの」とみなされるので、相続税ではなく、贈与税や所得税が課税されてしまう場合があるのだ。

　それらを踏まえ、遺産分割のやり直しがないよう、財産が確定するまでは慎重に対応すべきである。

解　説

　相続財産が確定する前に、わかりやすい財産についてだけ先行して話し合ってしまうケースはよくある話である。例えば、「会社を継いでいる長男に自社株を相続させる」「親と同居している子へ自宅を相続させる」「差し迫ったお金が必要な子に預貯金を相続させる」等だ。

　相続財産が確定しないうちに"見切り発車"的に話合いを進めてしまうと生じるトラブルとして考えられるケースを図表3にまとめてみた。

　遺産分割の対象財産には、財産の前渡し（特別受益*8）が含まれるので、特に③のように一部の相続人へ生前贈与や資金援助を行ってい

図表3 見切り発車的な話合いで生じるトラブル例

①後で大きな財産が発見された
②話し合っている最中に相続財産の価値が大きく変動してしまった
③多額の贈与を受けている相続人がいた
④当初と気持ちが変わり「別の財産が欲しい」と言い出す相続人が出てしまった
⑤後日、先行させた分割とは異なる内容の遺言書が発見された
⑥他の相続人が相続したほうが相続税が安くなることが判明した

る場合は注意しなければならない。

　例えば、相続人が子Ａと子Ｂの２人であり、相続人Ａへ生前贈与した財産が2,000万円、相続発生時の被相続人の財産が1,000万円の場合、遺産分割の対象財産は合計の3,000万円となり、すでに2,000万円もらっている相続人Ａは、今回の相続で何も相続できないことになる。Ａが受けた生前贈与のことを「超過特別受益*16」という。

　もしかしたら、本件の長男は、自身の法定相続分を超える多額の贈与を受けていたのかもしれない。母の財産を何も相続できない可能性があることを知っていたため、自宅の相続登記を急いだ可能性がある。

　つまり、長男はそれなりに相続に関する知識を有していて、後々姉たちが知識を身につけたり、誰かが入れ知恵したり、税理士が助言したりする前に外堀を埋めてしまおうと考えて先に行動した可能性があるのだ。

　真偽は定かではないが、いかなる理由にせよ、先行して自宅を長男名義にしてしまったのは事実であり、その部分では長男の作戦勝ちかもしれない。

　なお、相続により所有権移転登記（相続登記）を「錯誤」により変更する場合、手続きに要する費用がかかるだけでなく、登記事項証明書にもややこしい足跡が残ってしまうので注意したい。

　また、預貯金等金融商品について相続により一度名義変更してしまった場合、再度の名義変更は原則認められず「解約」扱いになるため、商品によっては解約できなかったり、元本が割れてしまったりと、別のトラブルに発展する可能性もある。

弁護士と税理士で回答が異なる！？

　相続について、弁護士と税理士の意見が噛み合わない代表格と言わ

れるのが、「遺産分割のやり直し」である。

「遺産分割のやり直し」について弁護士に相談すると、「可能ですよ」と言われるケースが多い。最高裁で「遺産分割のやり直しは可能」の判決が出ているからだ。

> 「共同相続人の全員が、既に成立している遺産分割協議の全部又は一部を合意により解除した上、改めて遺産分割協議をすることは、法律上、当然には妨げられるものではない」（最高裁第一小法廷平成2年9月27日判決）。

一方、同じ質問を税理士にすると、「できませんよ」もしくは「贈与税がかかりますよ」と言われる。それは、国税庁の通達に以下の記述があるからだ。

> 【相続税法基本通達19の2-8】「分割の意義」
>
> 法第19条の2第2項に規定する「分割」とは、相続開始後において相続又は包括遺贈により取得した財産を現実に共同相続人又は包括受遺者に分属させることをいい、その分割の方法が現物分割、代償分割若しくは換価分割であるか、またその分割の手続が協議、調停若しくは審判による分割であるかを問わないのであるから留意する。
>
> ただし、当初の分割により共同相続人又は包括受遺者に分属した財産を分割のやり直しとして再配分した場合には、<u>その再配分により取得した財産は、同項に規定する分割により取得したものとはならない</u>のであるから留意する。

（下線は筆者）

弁護士も税理士も、それぞれの立場における回答としては正しい。

しかし、相談者のことを考えるなら、少々言葉足らずである。

　法律も税務も含めた相続全般の話をするのであれば、「法的には、相続人全員が合意するのであれば遺産分割のやり直しは可能である。しかし、税務的には、遺産分割のやり直しにより新たに取得した財産は相続により取得したものとみなされないので、贈与税もしくは所得税が課税される場合があるので注意すること」と助言してあげるほうが親切だ。

　ただし、当初の遺産分割に瑕疵があった場合は、遺産分割をやり直したとしても贈与税等が課税されない場合がある。例えば、詐欺・脅迫によって遺産分割が行われた、遺産総額について十分な情報が与えられていないまま遺産分割を行った、一部の相続人の意思が反映されていない遺産分割であった等である。

　なお、別の相続人が自宅を相続したほうが「小規模宅地等の特例*2の適用を受けられるため相続税が安くなる」として遺産分割をやり直した場合、税務的には遺産分割のやり直しは認められず、贈与税もしくは所得税が課税させることになる。

遺産分割をやり直すと、相続税が発生する可能性も

　二女が駅前の不動産会社に何気なく自宅の価値を聞いたところ、「6,000万円なら売れる」と言われ、驚いてしまった。築50年近く経つボロ家だったため、そんなに価値が高いとは思わなかったからである。家屋は築年数の経過に伴い財産価値が下落していくが、土地は経年の影響を受けず、財産価値の増減と保有年数は無関係である。

　また、長女も二女も、母が父から相続した金融資産5,000万円が1,200万円まで減っていることに疑問を抱いていた。父が死亡してからすでに12年経っているとはいえ、倹約家だった母が散財するとは

思えない。自宅をバリアフリー化した際のリフォーム費用を考えても、お金の減り方が尋常ではない。母と同居していた長男がどこかに隠しているのか、それとも使ってしまったのか…、疑惑だけが膨らんでいく。

　自宅6,000万円は時価であり、相続税評価額は、土地4,000万円、建物600万円であった。土地は同居している長男が相続することにより「小規模宅地等の特例」の適用を受けることができ、4,000万円×20％＝800万円となる。つまり、相続税申告上は、土地800万円＋建物600万円＋金融資産1,200万円＝2,600万円と、基礎控除額3,000万円＋（600万円×3人）＝4,800万円を下回り、相続税は発生しない。

　あくまでこれは相続税の話であって、遺産分割上の取得時価を見てみると、長男は自宅6,000万円を相続している一方、長女と二女は残った金融資産1,200万円を2人で分けても1人600万円にしかならず、これでは長女と二女が怒るのも無理はない。

　それぞれの相続割合は以下のようになり、とても平等とは言い難い。
●長男…自宅6,000万円÷（自宅6,000万円＋金融資産1,200万円）
　　　＝83.3%
●長女…金融資産600万円÷（自宅6,000万円＋金融資産1,200万円）
　　　＝8.3%
●二女…金融資産600万円÷（自宅6,000万円＋金融資産1,200万円）
　　　＝8.3%

　もし、錯誤等の理由により遺産分割をやり直す、または贈与税覚悟で遺産分割をやり直した場合、分割の仕方によっては「小規模宅地等の特例」の適用を受けることができず、土地4,000万円＋建物600万円＋金融資産1,200万円＝5,800万円と、基礎控除額4,800万円

を上回るため相続税が発生してしまうことになる。

　深く考えず自宅の遺産分割を先行させてしまったことが悔やまれる。

本事例から学ぶ 教訓

① 遺産分割は、相続財産が確定してから話し合うほうが無難。
② 遺産分割のやり直しは可能だが、やり直しにより新たに取得した財産には贈与税や所得税が課税されることも。

第 2 章

相続税対策
の
トラブル事例

	相続税対策				
	+ 生前贈与	+ 遺言	+ 不動産	+ 生命保険	+ その他
トラブル・ケース 14 ▶P.110〜117			●		ローン
トラブル・ケース 15 ▶P.118〜125	●			●	
トラブル・ケース 16 ▶P.126〜133	●				
トラブル・ケース 17 ▶P.134〜139				●	
トラブル・ケース 18 ▶P.140〜147	●				投信／税理士
トラブル・ケース 19 ▶P.148〜155					孫養子
トラブル・ケース 20 ▶P.156〜161			●		ローン

『相続対策としてアパートを建築したが、最終的にすべての財産を失うことに』

トラブルの経緯

　地方で暮らす母がハウスメーカーから提案を受け、相続対策として手許金融資産を取り崩したうえで銀行から借入れも行いアパートを3棟建築したが（図表1）、築浅の段階からサブリース賃料の引下げが止まらず、アパート経営の先行きが暗いと売却を検討するも、借入金残高以上で売却する見通しが立たなかったため、問題を先送りしたままアパート経営を続けていた。

　その後、母が死亡した。借入金が多額だったため相続税はかからな

図表1 アパート概要

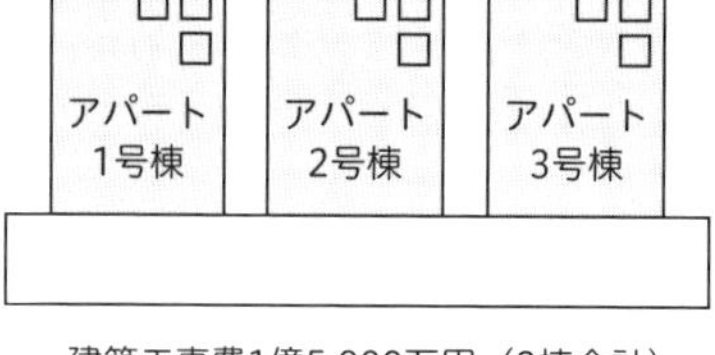

```
アパート    アパート    アパート
1号棟      2号棟      3号棟
```

建築工事費1億5,000万円（3棟合計）
銀行から借入れ9,000万円
サブリース（一括借上げ）20年

かったが、時価ベースでは債務超過だったため、相続人は相続を放棄するつもりでいた。ところが、母が銀行から借入れした際に、相続人である子2人が共に連帯保証人になっている事実が判明した（図表2）。

　この状態で相続を放棄しても、子は借金の返済から逃れられないため、仕方なくすべての財産を相続したが、築年数の経過とともに入居者の確保がさらに難しくなり、さらなるサブリース賃料の引下げ要請もあり、アパート経営が行き詰まった。母から相続した財産に加え、相続人固有の財産を返済に回してもなお残った借入金の処理について、銀行と再建計画を話し合うことになってしまった。

どうすれば よかったのか

　相続対策としてアパート経営をするのであれば、建築する前に現状

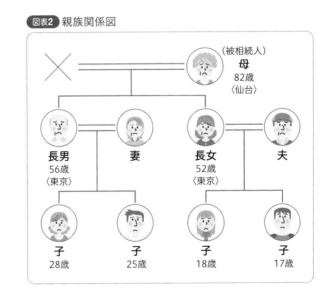

図表2 親族関係図

- （被相続人）母　82歳〈仙台〉
- 長男　56歳〈東京〉／妻
- 長女　52歳〈東京〉／夫
- 子 28歳／子 25歳
- 子 18歳／子 17歳

把握をしっかり行い、相続税がかかるかどうか、かかるとしたらどの程度かかるのかを把握すべきであった。また、賃料動向や入居者確保等の市場調査も必要であった。

アパートを建築する前の母の相続税評価額は1億円（図表3）、相続人は子2人なので、相続税は770万円（実効税率[*17]7・7%）であり（図表4）、母名義の定期預金6,000万円で十分納税が可能であった。相続税の負担を軽減させたいのであれば、生命保険の非課税枠の活用や生前贈与等で対応可能だったと思われる。

図表3 相続税評価額

財産種別	アパート建築前	アパート建築後	備考
自宅（土地・建物）	2,000万円	2,000万円	―
アパート（土地）	2,000万円	1,600万円	貸家建付地評価
アパート（建物）	―	5,250万円	固定資産税評価額×貸家評価
定期預金	6,000万円	0	自己資金として投入
借入金	―	▲9,000万円	銀行から借入れ
合　計	10,000万円	▲150万円	

※1、アパート工事費は1億5,000万円、建物固定資産税評価額は工事費の50%と仮定
※2、貸家建付地は80%、貸家評価は70%
※3、小規模宅地等の特例は考慮していない

図表4 相続税額と実効税率

課税価格	10,000万円
基礎控除額	3,000万円＋（600万円×2人）＝4,200万円
課税遺産総額	10,000万円－4,200万円＝5,800万円
長男の法定相続分	5,800万円×1/2＝2,900万円
長女の法定相続分	5,800万円×1/2＝2,900万円
長男の相続税額	2,900万円×相続税率15%－速算控除額50万円＝385万円
長女の相続税額	2,900万円×相続税率15%－速算控除額50万円＝385万円
相続税総額	385万円＋385万円＝770万円
相続税の実効税率	770万円÷10,000万円×100＝7.7%

また、分割しにくいアパートを建築してしまったため、かえって遺産分割に支障が出てしまい、遺産分割対策としても逆効果であった。

　アパート経営は不動産賃貸事業であり、事業にリスクはつきものだ。特に、アパート経営の一番のリスクは「安定的に入居者を確保し続けられるか」であり、市場調査や将来見通しも甘かったと言わざるを得ない。相続対策を目的とするなら、税金だけではなく分割や納税まで視野に入れ、相続全般に目利きのできる第三者たる専門家に相談すべきであった。

解　説

　今も昔も不動産有効活用は相続税対策を目的として行われることが多い。特に「借金してアパート建築」はその定石といってもよいだろう。

　相続税節税の基本は、「時価＞相続税評価額」の財産を保有することであり、時価と相続税評価額の差が大きければ大きいほどその効果は大きくなる。その点で不動産（特に都心部）は節税に合致した財産といえる。

　平成 27 年 1 月に相続税の基礎控除額が引き下げられ、都心部であれば自宅と貯蓄があるだけで相続税がかかるようになってしまった。つまり、一般世帯でも普通に相続税対策が語られる時代となったのである。

　新聞やニュース等で相続税増税問題が取り上げられるたびに「うちは大丈夫だろうか」と不安にかられ、そんなとき、優秀な営業担当者の「皆さんやられています」のトークを信じ、現状をきちんと把握しないまま、目先の節税対策に走ってしまった人も多いのではないだろうか。

遺産分割、納税資金の確保、節税の 3 点で考える

　さて、本事案について、アパート建築前はどうだったのか。相続対策の 3 本柱である①遺産分割対策、②相続税納税資金の確保、③相続税節税の観点から、問題の有無と対策案を考えてみよう。

①遺産分割対策

・母の財産は、評価がほぼ同じ不動産が 2 ヵ所（自宅と遊休地）であり、その他は定期預金のため、相続人が子 2 人であることを考えると、遺産分割に大きな支障はない。

・親子関係、兄弟仲は良く、現時点で遺産分割に懸念はない。

・相続人である子 2 人は共に遠隔地に居住しているため、相続手続きの負担軽減のために遺言作成を検討してもよいだろう。

・また、離れて暮らす子のために、どこに何があるか、誰に何を連絡したらよいか等を記したエンディングノートを作成しておくと、子は助かるだろう。

②相続税納税資金の確保

・相続税は 770 万円であり、母名義の定期預金 6,000 万円で十分納税は可能である。

・銀行の預金凍結解除にかかる手間や時間、葬儀代等の負担を考えると、受取人を子とした生命保険があると便利だろう。

③相続税節税

・相続税 770 万円が高いか、安いかは人それぞれだが、節税を検討するなら以下の案が考えられる。

　A）生命保険の非課税枠（500 万円×法定相続人の数）を活用すべく、定期預金のうち 1,000 万円で「一時払い終身保険」に加入する。

　　Ｂ）高校生である孫2人へ、それぞれ「教育資金の一括贈与」を、例えば500万円ずつ、計1,000万円を行う。

　　Ｃ）子2人と孫4人の計6人へ、3年間、それぞれ年間110万円ずつ現金を「生前贈与」する（110万円×6人×3年＝約2,000万円）。

・以上Ａ～Ｃを実行した場合、母の財産は約6,000万円に減り、相続税は180万円（実効税率3.0％）まで下がることとなる。

さらに、

　　Ｄ）母の「葬儀費用等」は債務控除可能である。

　　Ｅ）1人暮らしの母の生活費や医療費として、今後も財産が減っていく。

　　Ｆ）将来、老人ホームの入所費用として使われるかもしれない。

　　Ｇ）将来、どちらかの子が母と実家で同居すれば、「小規模宅地等の特例」が受けられ、自宅土地の評価が8割減となる。

　これらを考えると、実際に相続が発生した場合の財産評価額は、基礎控除額4,200万円に限りなく近づくのではないだろうか。

　「教育資金の一括贈与」が長女の子2人だけになってしまう不公平はあるが、当事者が事情を理解し、それを踏まえて遺産分割を話し合うなら大きな障害にならないはずだ。

目先の節税対策は最終的に子世代へのツケとなる

　総務省の発表によると、2018年の空き家の数は849万戸と、この20年間で約1.5倍に増えている。これは、東京都の世帯数約723万（令和2年10月人口等基本集計結果）を大きく超える数であり、いかに空き家の数が多いわかるだろう。

　さらに、野村総合研究所の試算によれば、2033年の空き家数は今

の 2.6 倍に増え、空き家率は 30.4％まで上昇すると予測されている。

　また、国立社会保障・人口問題研究所の試算によれば、2015 年の日本の人口約 1 億 2,700 万人が、2060 年には約 8,700 万人（死亡中位、出生中位）まで減ると予測されている。これは、「今後 45 年で人口が 3 分の 2 に減る」ことを意味している。

　このような状況下、目先の節税としてのアパート経営は、最終的に子世代へツケを押し付ける形にならないだろうか。親子でもっと真剣に話し合うべきだと思う。

　また、サブリース会社は営利企業であり、赤字を出してまでオーナーを支えるわけではないことを理解すべきである。入居者の確保は、そのエリアにおける人口動態に大きく左右される。賃料相場は市場に委ねられており、人気の物件の賃料は上がり、人気がない物件の賃料は下がっていく。

　正に「需要」と「供給」の関係であり、そのリスクはすべてオーナーが背負っていることを認識すべきだ。

　アパート経営をはじめるきっかけが、銀行もしくはハウスメーカーからの提案であるケースは多い。きっかけはともかく、「やる」「やらない」の判断を下したのは自分なのだから、入居者が決まらず、空室が増え、返済が滞っても、銀行から借りたお金は、利息をつけて、必ず返済しなければいけない。

　ハウスメーカーは建物を「建てる」会社であり、建物の不具合を除き、建築後の収支や将来の相続対策効果等について責任を負う立場にない。ハウスメーカーの提案を鵜呑みにせず、建築費について他社を含めた相見積りを取ってみたり、駅前の不動産会社に賃料相場を聞いてみたり、周辺を歩き空室状況を確認したり、自分なりに色々とできることがあったはずだ。自分でできないのであれば、多少お金を払っ

てでも、客観的に物事を判断できるコンサルタント等の第三者に相談すればよかった。

　長期にわたるアパート経営の事業リスクは、すべてオーナーが負うことになることを肝に銘じたうえで取組可否を判断すべきであった。

　なお、連帯保証人は主たる債務者（この事例の場合は母）と同列、ほぼイコールと考えてもらって差し支えない。母の返済能力の有無にかかわらず、銀行はいつでも連帯保証人に返済を請求することができる。

　今回のアパート建築により、母の余生は裕福だった暮らしが一変し、親の相続財産を期待していた子は自分たちのお金を借入金返済に使わざるを得ず、孫世代の生活や教育にも悪影響が出てしまった。

　誰が得をし、誰が損をしたのか、考えさせられる事例である。

本事例から学ぶ教訓	① 相続対策は、現状をしっかり把握してから行うべき
	② アパート経営は「事業」であり、様々なリスクが伴うことを理解すべき
	③ 連帯保証人は相続放棄に支障をきたす

『孫を生命保険の受取人に指定したことで、大失敗に』

トラブルの経緯

母が死亡した。相続人は長男と長女、二女の 3 人。長男は母と同居しており、長女と二女は別世帯であった（図表 1）。

図表1 親族関係図

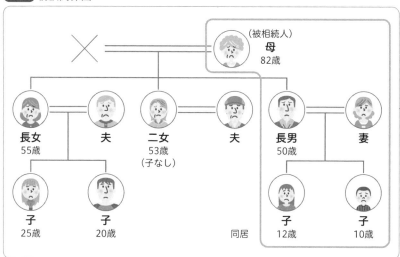

　母は、銀行の担当者から「相続対策として生前贈与が有効。特に、孫への贈与は相続開始前3年以内の財産持戻しの対象にならないので即効性がある」と言われ、同居し可愛がっている孫2人（長男の子）へ毎年現金を110万円ずつ生前贈与していた。

　ところが、孫が母（孫から見たら祖母）死亡に伴い生命保険金を受け取ったため、相続発生前に孫へ贈与した現金110万円×3年×2人＝計660万円が相続財産に加算され、さらに孫が負担する相続税が2割増しとなってしまった。

　また、長男の子にだけ贈与していた"偏った贈与"も表面化し、長女および二女から「孫への贈与を考慮した遺産分割にすべき」と主張され、争族に発展してしまった。

▌どうすればよかったのか

　代襲権のない孫や養子縁組していない孫に相続権はないため、そのままでは被相続人から財産を取得することはないが、遺言で「孫に財産を遺贈する」と指定されている場合や、生命保険金の受取人が孫と指定されている場合は要注意である。

　というのも、相続権を有しない孫であっても、相続により財産を取得したのであれば、生前にもらった贈与財産のうち直近3年分（**注**）が相続財産に加算され、さらに、（代襲相続人ではない）孫が負担する相続税は2割増しとなってしまうからだ。

　相続対策として孫へ生前贈与するのであれば、【相続により孫が何も財産を取得しない】ことを当事者および関係者がしっかり認識したうえで実行すべきであった。

　また、一部の孫にだけ贈与していた場合、相続人ではない孫への贈

（注）　令和6年1月1日以降の贈与から順次延長。詳しくは83ページのcolumn参照。

与は特別受益*8(財産の前渡し)に該当しないため法的には遺産分割に影響を与えないが、精神的にはそのことを面白くないと感じる相続人もいるだろうから注意しなければならない。

争いを回避する方法として、①母自身が元気なうちに贈与の目的等を相続人へ説明しておく、②遺言を作成し付言に心情や背景を記載しておく、③贈与していない孫や子に対し別途何らかのメリットがいくよう配慮しておく、などが考えられる。

解　説

生前贈与は「相続対策の定石」といってもよいほど最もポピュラーな対策案であろう。しかし、相続権を有する配偶者や子に対して行われることが多いため、相続直前の"駆け込み対策"を禁止すべく「相続開始前 3 年以内(**注**)の贈与財産を相続財産に加算する」ルールが設けられている。

「可愛い孫へ財産を遺したい」――よく聞かれるセリフである。「子も可愛いのだが、子が死亡した場合、子の配偶者に相続されてしまうのが嫌だ」という声もよく耳にする。

孫への贈与は「世代飛ばし効果」があるほか、本件のような「相続開始前 3 年以内(**注**)の財産持戻し」に注意すれば即効性もあり、お勧めしたい。

また、時間を味方につけることで効果的に財産を移転させることができ、「贈与する／しない」を当事者が都度考えられる自由度も魅力である。

さらに、贈与者自身が財産の行方を確認できる点でも納得感が得られやすいであろう。

財産持戻しの対象者を理解しているか

さて、本件について何がいけなかったのか、もう少し掘り下げてみてみよう。

まず、前提となる「相続発生前3年以内（**注**）の財産持戻し」のルールを正確に理解すべきである。銀行の担当者が助言した「<u>孫への贈与</u>は相続開始前3年以内（**注**）の財産持戻しの対象にならない」は間違いであり、正しくは「<u>相続や遺贈により財産を取得しない人</u>は、相続開始前3年以内（**注**）に被相続人から贈与によって取得した財産があっても、その財産を相続税の課税財産に加算しなくてよい」である（図表2）。

つまり、たとえ（相続権を有する）配偶者や子に贈与したとしても、その配偶者や子が相続や遺贈により財産を取得しなければ、相続開始直前に贈与された財産があっても相続財産に加算されないのだ。

逆に、（相続権を有しない）孫や親族外の第三者に贈与したとしても、その人が相続や遺贈により財産を取得したのであれば、相続開始前3年以内（**注**）に贈与した財産を相続財産に加算して相続税を計算することになる。

相続税納税義務のある受贈者が被相続人の一親等の血族（代襲相続人である孫を含む）および配偶者以外の場合、負担する相続税は2割加算される（図表3）。

持ち戻された贈与財産に対し相続税を納税すべき人がすでに贈与税を納めている場合、相続税の計算上、その人が負担する相続税額から

図表2 相続開始前3年以内（注）の財産持戻しの対象となる人

×	「相続人」
○	「相続や遺贈により財産を取得した人」

（注）令和6年1月1日以降の贈与から順次延長。詳しくは83ページのcolumn参照。

すでに納めた贈与税額が控除されるため二重課税されるわけではないが、「こんなはずじゃなかった」となる可能性が高いのではないだろうか。特に非課税の範囲内で贈与していた場合、払わなくてよい相続税を払うことになってしまう人もいるので、注意が必要だ。

さらに、受贈者が親族等ではない第三者の場合、その人が相続人と一緒に相続税の申告を行うと、故人の財産の中身や遺産分割の内容が親族外であるその人へ見られてしまう問題も生じる。

死亡保険金の受取人が孫の場合は注意が必要

本来、代襲相続人や養子ではない孫に相続権はなく、遺言がなければ母（孫から見たら祖母）に相続が発生しても相続発生直前に祖母から孫へ行われた贈与は財産持戻しの対象とならないはずだが、本事案は「生命保険の受取人＝孫」と指定されていたため起こったトラブルである。

遺言は、ある程度高齢になってから作成される場合が多いため、孫へ遺贈するかどうかに気付くチャンスがあるが、生命保険は、一度契約するとその後保険証券を見る機会は少なく、誰を受取人と指定したか忘れてしまう人も多いため、贈与との関連性に疑いをかける機会がほぼ失われてしまう。そもそも死亡保険金の受取人が孫になっていることを、贈与との関係で「問題あり」と理解している人は少ないので

図表3 相続税額の2割加算

相続税額が2割加算されない人	相続税額が2割加算される人
①配偶者 ②一親等の血族（子、親） ③代襲相続人である孫	①兄弟姉妹 ②甥姪 ③代襲相続人ではない孫 ④実子がいる場合の孫養子 ⑤親族以外（第三者を含む）

はないだろうか。

相続人に限らず、財産を誰かに渡す方法は、①生前贈与、②売買、③相続または遺贈に大別される。相続対策として生前贈与を検討する場合、ぜひ「相続発生前3年以内（注）の財産持戻し」との関連性に注意を払い、効果的な結果となるよう"気配り＆目配り"をお願いしたい。

「法的」には問題がなくても「精神的」にはどうなのか？

また、遺産分割協議を円滑に進める場合、「法的な問題」と「精神的な問題」が存在することに注意しなければならない。

孫への贈与はその典型であり、現金の贈与に限らず「教育資金の一括贈与」「生活費や教育費の都度贈与」等、孫への贈与や援助は（法的には）遺産分割上考慮する必要はないが、（精神的には）「考慮して話し合うべき」との意見が多い。

孫への贈与や援助は相続対策（特に相続税対策）として有益であるが、その反面、贈与や援助を受けられなかった子（孫）を持つ親（相続人）から「不利な扱いを受けている」と言われることもあり、その場合「何をもって平等、公平なのか」の前提から話し合う必要が生じてしまう。

さらに、孫が未成年の場合、その親（つまり相続人である子）が贈与されたお金を管理しているため、贈与されていない側から見たら、「知っていたのに自分から何も言わないなんて…」と不信感が募ってしまうだろう。

最悪、祖母が自分の意思として孫へ贈与したのではなく、子から祖母に対し孫への贈与の"働きかけ"があった、いわゆる「お願いベース」での贈与だったのではないだろうかと、どんどん悪い方向に考え

（注）令和6年1月1日以降の贈与から順次延長。詳しくは83ページのcolumn参照。

が偏ってしまう場合もある。

　遺産分割は、相続権を有する相続人全員の合意があればどのような分割案でも有効であることから、後々相続人が困らないよう、生前きちんと親子でコミュニケーションを取っておくべきである。

本事例から学ぶ **教訓**

① 相続開始前3年以内（**注**）の贈与が相続財産に加算されるのは、「相続や遺贈により財産を取得した人」であることを正確に理解する。

② 相続権を有しない人であっても、遺贈や生命保険金の受取人指定など、相続により財産を取得することがあるので注意する。

（注）令和6年1月1日以降の贈与から順次延長。詳しくは83ページのcolumn参照。

『こんなはずじゃなかった、相続時精算課税制度』

トラブルの経緯

　父が死亡した。母は5年前に死亡しており、相続人は息子2人（共に既婚）（図表1）。父が基礎控除額を超える財産を有していたため、税理士に相続税の申告を依頼した。

図表1 親族関係図

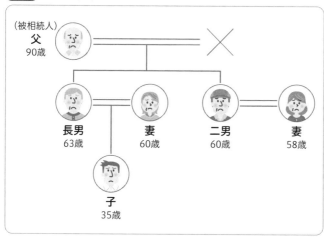

税理士が相続財産の調査を行ったところ、父の預金から相続発生の7年前に5,000万円、2年前に2,500万円の資金が流失していることが発覚し、その後の調査で息子2人および孫がそれぞれ相続時精算課税制度を活用し自宅を取得していた事実が判明した。

そのため、同制度により贈与されていた計7,500万円の現金を相続発生時の財産に持ち戻したうえで相続税が計算された。かつ相続人ではない孫も相続税の申告・納税が必要となり、さらに孫が負担する相続税は2割増しと、散々な結果となってしまった。

相続時精算課税制度に関わる一連の手続きは父主導で進められており、子や孫は相続が発生したあとどうなるのか何も聞かされていなかっただけでなく、そもそも制度の内容を理解していなかった。

結局、相続税節税の観点からは取り組まないほうが賢明だったと税理士から聞き、後味の悪さだけが残ってしまった。

どうすればよかったのか

相続時精算課税制度は純粋なる生前贈与とは異なり、相続発生後に税の精算を行う制度である。親（祖父母）が元気なうちに親（祖父母）の財産を子（孫）が自由に使ってよいのだが、税の精算は親（祖父母）が死亡したあとに行うことになることを理解したうえで、この制度を採用することが効果的かどうか専門家の意見も聞きながら検討し、ほかの案とも比較したうえで取り組むべきであった。

また、孫が本制度の適用を受ける場合、相続発生後に問題が生じる可能性があることを踏まえ、慎重に考えるべきであった。

2,500万円まで贈与税がかからないという目先のメリットに惑わされ、最終的に大きなツケを払わされる結果となってしまったことが残

念である。

解　説

　相続時精算課税制度は、言葉のとおり、「相続時」に「税」を「精算」する制度であり、「2,500万円まで贈与税が非課税」と単純に覚えていると後日（相続が発生したときに）痛い目に遭ってしまう。

　暦年制度による生前贈与は、「年間110万円までであれば贈与税は課税されず、（単純に）あげることができる」制度である。贈与者に相続が発生し相続税を計算する場合、相続財産に持ち戻されるのは相続発生前3年分（注）の贈与財産だけであり、しかも持ち戻しの対象となるのは「相続または遺贈により財産を取得した人」だけである。

　一方、相続時精算課税制度は「2,500万円までの枠内であれば贈与税は課税されず、あげることができるが、後日（贈与者に相続が発生したあとに）税の精算を行う」制度であり、贈与者に相続が発生した場合、本制度の適用を受けた贈与財産は原則としてすべて相続財産に持ち戻され相続税が計算される。

　つまり、贈与された財産の価値（評価額）が上昇しない限り相続税の節税にはつながらない。言い換えると「今もらっても2,500万円以内であれば税金を払わず自由に使っていいだけ」という制度であり、課税処理が先送りされているだけともいえる（図表2）。

　ところで、令和5年度の税制改正により、令和6年1月から相続時精算課税制度にも2,500万円の非課税枠とは別に、年間110万円の基礎控除額が設けられることになった。そして、令和6年1月1日以後に、相続時精算課税制度の適用を受け贈与された財産に係る贈与者が死亡した場合、相続税の課税価格に加算される受贈財産の価

（注）令和6年1月1日以降の贈与から順次延長。詳しくは83ページのcolumn参照。

額は、贈与された財産から新設される基礎控除額110万円を控除した後の残額となると改正された。

　また、相続時精算課税制度における基礎控除額の適用を受け非課税とされた財産については、暦年課税制度のように「相続発生前3年(注)以内」といった相続財産に持ち戻される期限がないため、相続発生前

図表2 生前贈与と相続時精算課税制度

	生前贈与	相続時精算課税制度
贈与者	定めなし	贈与をした年の1月1日において60歳以上の父母または祖父母
受贈者	定めなし	贈与を受けた年の1月1日において20歳以上の贈与者の直系卑属（子や孫）である推定相続人または孫
贈与財産	種類や回数に制限なし	種類や回数に制限なし
非課税限度額	年間110万円	（総枠）2,500万円 （基礎控除額）110万円（※）
非課税限度額を超えた場合	累進税率により計算した贈与税が課税される	一律20％の贈与税が課税される
贈与税の申告	基礎控除額110万円を超える贈与を受けた場合、翌年の2月1日〜3月15日までに申告する	財産を贈与された場合、金額の大小に関わらず、翌年の2月1日〜3月15日までに申告する ただし、令和6年1月1日以後に贈与された場合は、年間110万円未満であれば申告不要
贈与者が死亡した場合	相続または遺贈により財産を取得した人は、相続発生前3年以内に受けた贈与財産を相続財産に加算する	本制度を適用した贈与財産は、すべて贈与時の価額で相続財産に加算する ただし、令和6年1月1日以後に贈与された場合は、年間110万円未満であれば申告不要

※令和6年1月1日新設

の駆け込み贈与であっても相続財産に持ち戻されることはない。つまり、相続税対策として即効性があることになる。そのため、令和6年1月以降は相続時精算課税制度の適用を受け、毎年の贈与額を年間110万円以下とする対策が増えるであろうと考えられる。

次世代への円滑な資産移転が目的

　相続時精算課税制度は平成15年度の税制改正で創設された比較的新しい制度である。

　当時筆者も新聞の一面に「贈与税、2,500万円まで非課税」と出たので驚き、「相続税対策の切り札ができた」と勘違いした記憶がある。

　制度が創設された背景に「高齢化に伴い次世代への資産移転がなかなか進まず、それが景気低迷の一因になっており、本制度の導入により次世代へ資産が円滑に移転される」とあり、消費促進による景気刺激が期待され導入されたことが読み取れる。

図表3 相続時精算課税制度のメリットとデメリット

メリット（長所）	親（祖父母）に相続が発生する前に、2,500万円以内であれば無税で子（孫）が親（祖父母）の財産を使用することができる
	令和6年1月1日以後に受けた受贈財産については、年間110万円以内について相続財産に加算する必要なし
	2,500万円を超えた額に対し支払った一律20%の贈与税は、将来相続税から控除されるため仮払いに過ぎない（二重払いとなるわけではない）
デメリット（短所）	本制度の適用を受けた場合、以後暦年課税制度の贈与は適用されない（年間110万円の暦年課税制度に関わる基礎控除額は活用できない）
	贈与者が死亡した場合、本制度の適用を受けた贈与財産はすべて贈与時の価額で相続財産に加算される。ただし、令和6年1月1日以後に受けた受贈財産については、年間110万円以内について相続財産に加算する必要なし
	代襲相続人ではない孫や孫養子が受贈者の場合、負担する相続税が2割増しとなる

今から50年ほど前の平均寿命は、男性約67歳、女性約72歳であった。平均寿命で相続が発生したと仮定すると、子の年齢は30歳半ば〜40歳半ばが中心であり、子自身が自分の子の学資や住宅ローン等ちょうど資金が必要なときに相続が発生するケースが多く、親から相続した財産を次世代が有効に活用できるサイクルが成り立っていた。

　ところが、平成29年の平均寿命は男性約81歳、女性約87歳である。平均寿命で相続が発生したと仮定した場合の子の年齢は50歳代後半〜60歳代であり、そろそろ自分自身の相続対策を考えなければいけない年齢である。

　自分の子はすでに学校を卒業し就職している場合が多いだろうし、住宅ローンも返済が終了しているか、残債があってもわずかであろう。つまり、親から相続した財産を消費する機会が少なく、長い老後のためにと貯め込んでしまう人も多く、「市場でお金が消費されない＝景気に悪影響がある」構図となってしまっている。

　そこで、相続の高齢化により蓄積される傾向にある資産が市場で活かされるよう、相続時精算課税制度が創設されたのだ。

　制度創設の趣旨的には、「親が元気なうちに、親の財産を子や孫が自由に使ってよい制度」といえるかもしれない。

　本制度のメリットとデメリットは図表3のように整理できる。

相続時精算課税制度を適用すると暦年課税は活用できない

　さて、本事例に戻ろう。

　税理士が相続財産の調査を行っている過程で多額の資金流失に気づき、相続人に何か知らないか質問しても「父は何でも1人で勝手に決めてしまうワンマンだったので、僕らは何も知らない」との一点張りでらちが明かなかった。これは、何か隠したいとか、不当に相続税

を安くしたいということではなく、本当に何も知らなかったのだ。

　金額から「おそらく相続時精算課税制度ではないか」と推測して聞いたところ、父に「そろそろ自宅でも買ったらどうだ。今度よい制度ができたから1人2,500万円ずつあげよう」と言われ、息子2人はそれぞれ現金2,500万円ずつもらったそうだ。息子たちはそのお金で自宅を取得している。お金をもらう際、「私が死んでもこのお金は関係ないから心配するな」と言われたらしい。

　しかも、相続時精算課税制度の申告は父が行っていた（後日申告書が発見され内容を確認したところ、すべて父の筆跡であった）。

　つまり、子に「これは相続のときに税金の精算が必要となるお金である」「相続財産に加算される財産である」の意識はなく、将来税金を払うとは露にも思わなかったのだ。

　父がこの制度を勘違いしていた証拠に、本制度を活用した翌年から毎年息子2人は父からそれぞれ110万円ずつ贈与してもらっていた。もちろん、年間110万円までだったら贈与税はかからないと思って行われた贈与であり、一切申告・納税していなかった。

　令和6年1月1日以後であれば、年間110万円ずつ贈与してもらっていても、新たに創設された基礎控除額の範囲内のため課税されず何ら問題は生じなかったが、当時は相続時精算課税制度の適用を受けた息子たちは暦年課税制度による贈与（税の非課税枠）を活用することができず、毎年110万円×税率20％＝22万円の贈与税を納め、かつ申告書も提出しなければいけなかった。本件については、今回の相続税の申告に合わせ税理士が期限後申告を行った。

受贈者が相続人でない孫なら相続税は2割増しに

　一番の問題は孫が本制度の適用を受けたことであろう。平成27年

1月1日から20歳以上（令和4年4月1日からは18歳以上）の孫なども本制度の適用を受けることができるようになった。これは、ちょうど相続税の基礎控除額が引き下げられ、相続対策の機運が一段と盛り上がっていた時期と重なる。相続税対策に熱心だった父が「渡りに船」と、婚姻し所帯を有していた孫へ2,500万円を贈与したらしい。

　ちなみに、孫の申告書も祖父の筆跡であった。まさか孫も祖父の相続税を払うことになるとは思いもせず、しかも納税する相続税は2割増し、さらにもらったお金は自宅不動産に消えて現金は残っていない、と納税資金を工面するのに苦労する羽目に陥ってしまった。

　タラレバであるが、相続時精算課税制度を活用せず、父が子や孫の自宅として使えるような不動産を現金で購入し、子や孫に使用貸借*18で居住させ、父死亡後に子や孫が相続または遺贈によりその不動産を取得する手もあったであろう。息子や孫が購入した自宅不動産の相続税評価額は1,200万円〜1,500万円であり、現金を不動産に代えることで生じる時価と評価額の乖離効果により、相続税の節税につながったはずだ。

本事例から学ぶ教訓

① 相続時精算課税制度は「相続時」に「税」を「精算」する制度であり、純粋なる生前贈与ではない。十分な理解が必要。

② 孫が相続時精算課税制度の適用を受けた場合、相続人でなくても申告・納税が必要、かつ負担する相続税は2割増しとなる。

『え!?　妻名義の生命保険も相続財産になるの？』

トラブルの経緯

　夫が死亡した。享年 82 歳。相続人は妻（75 歳）と子 2 人（図表 1）である。

　相続財産は自宅と金融資産であり、相続税評価額の合計は相続税の基礎控除を上回る額であった。

　相続税の申告は税理士に依頼し、相続人全員で協議のうえ、自宅および金融資産の半分は妻が相続し、子 2 人はそれぞれ金融資産の 4 分の 1 を相続することにした。

図表1 親族関係図

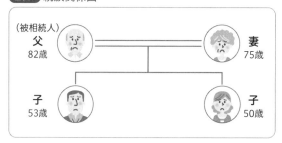

　無事期限内に申告手続きを終えてほっとしていたところ、税務署から「相続税の申告内容について話を聞きたい」と連絡が入った。いわゆる"税務調査"である。

　税務調査が入った理由は、「妻名義の生命保険契約も相続財産になる。申告漏れがあるので修正申告してほしい」とのことであった。

　妻は「自分名義なのに…」と納得いかなかったが、税理士から「配偶者の税額軽減に余裕があるので、指摘を受けた生命保険契約を妻が相続すれば妻に納税は発生しない」と聞き、修正申告に応じた。しかし、子2人には追加の税負担が生じ、かつ過少申告加算税（追徴税）や延滞税も発生し、後味の悪い結果となってしまった。

どうすればよかったのか

　今回税務署に指摘された生命保険は2契約あった（図表2）。

　一つは、10年前に妻が契約した「一時払い終身保険」であり、契約形態は【契約者＝妻、被保険者＝妻、受取人＝子2人】である。しかし、保険料の原資は夫の定期預金満期金であった。

　この場合、夫から妻へ保険料相当額の贈与があったのであれば何ら問題ない。しかし、単なる資金異動だけでは贈与は成立しないため、いわゆる"名義保険"の扱いとなってしまう。つまり、相続発生時の解約返戻金相当額を相続財産として計上すべきであった。

図表2 生命保険契約

保険種類	契約者	被保険者	受取人	備考
① 一時払い終身保険	妻	妻	子2人	保険料の原資は夫
② 終身保険	妻	夫	妻	契約者変更：夫→妻

もう一つは、すでに保険料が払済みになっている「終身保険」であり、契約形態は【契約者＝妻、被保険者＝夫、受取人＝妻】である。しかし、元々の契約者は夫であり、夫が保険料を払い終えた直後に妻へ契約者変更されていた。

　生命保険は、契約者変更があったとしても、その時点で課税されず、保険金支払事由発生時(この場合、夫死亡に伴い妻が保険金を受け取ったとき)に課税される。

　本件は、妻が保険料を負担したことがなかった契約であり、保険料負担者の原則に照らし、夫の契約(みなし相続財産)として申告すべきであった。

解　説

　相続手続きでまず着手しなければならないのは「相続財産の確定」である。相続財産が確定しない限り、遺産分割協議も相続税申告も進めることは難しい。

　「相続財産の確定」について、一般の人が一番陥りやすい間違いは「名義」ではないだろうか。「被相続人名義ではない財産は相続財産ではない」と勘違いして相続財産から除外してしまう場合もあるし、「昔に名義変更した財産は、すでに時効が成立しており問題ない」と勘違いしているケースもある。

　「相続財産＝被相続人名義の財産」ではない。相続財産は、名義にかかわらず、被相続人が実質的に所有権を有している財産のすべてが対象である。たとえ、名義が妻や子になっていても、「借名口座」や「名義預金(名義株、名義保険等)[*11]」であれば相続財産であることに変わりはない。

保険料相当額の贈与の事実を明確にすべきだったが…

　問題となった一つ目、10年以上前に妻が契約した「一時払い終身保険」の契約形態は【契約者＝妻、被保険者＝妻、受取人＝子2人】であった。契約どおり保険料を妻が負担したのであれば、夫の相続には関係ない。しかし、実際は夫の定期預金満期金をそのまま妻契約の保険料に充当していたため、「申告漏れ」と判断された。

　なぜ、税務署はそのことを把握できたのであろうか。

　税務調査は被相続人の口座や財産を調べるだけではない。相続人はもちろんのこと、相続人の配偶者や子（つまり孫）、場合によっては両親や兄弟姉妹まで範囲を広げ調べることもある。そして、疑わしければ、関係者の口座を過去にさかのぼって調べていく。金融機関は、税務署から関係者の口座の取引履歴について調査依頼を受けた場合、通常10年前までさかのぼり情報を提供する。

　そもそも、税務署は、相続発生による個別の調査とは関係なく、日ごろから確定申告、支払調書や年間取引報告書等の法定調書、不動産の登記情報等により幅広く情報を収集しているため、「10年前より昔ならば安心」は通用しない。

　自宅に残されていた夫婦の通帳をそれぞれ確認したところ、夫婦間の資金異動は図表3のとおり、いわゆる"ひもつき"であった。

図表3 夫婦の資金異動記録

《夫》A銀行の定期預金1,000万円→満期と同時に現金で全額払出し→半年後、B銀行の普通預金へ500万円入金、同時期にC銀行で投資信託500万円購入→3ヵ月後B銀行の普通預金より500万円、C銀行の投資信託を一部解約し300万円、それぞれ現金で払出し

《妻》（夫がB銀行の普通預金より500万円、C銀行の投資信託を一部解約し300万円、それぞれ現金で払い出した2日後）D銀行で一時払い終身保険800万円契約→10年後夫が死亡

妻の財産とするためには、妻が保険を契約した際、夫から妻へ保険料相当額の贈与があったとして贈与税の申告および納税を済ませておくべきであった。贈与行為が成立しない場合、生命保険の契約者が妻であっても夫の相続財産として相続税の申告を行うべきである。

過去の確定申告書を見れば契約者変更を推測できる

　二つ目の、夫から妻へ契約者変更を行った「終身保険」について、相続発生時の契約形態は【契約者＝妻、被保険者＝夫、受取人＝妻】であった。契約どおり妻が保険料を負担したのであれば、妻の所得税（一時所得）として課税され、夫の相続には関係ない。しかし、実際に保険料を負担したのは夫であり、単に契約者の名義だけが妻に変更されたに過ぎない、夫が所有権を有する保険契約である。

　なぜ、税務署はそのことを把握できたのであろうか。

　夫の口座を過去にさかのぼって調べれば、毎月保険料が引き落とされているのがわかるし、過去の確定申告書を見れば、生命保険料控除の適用欄に加入していた形跡があるだろう。にもかかわらず、生命保険が相続財産に計上されていない場合、調べられるのは当然だ。

　生命保険は原則"出口課税"であり、入口である契約時や、契約途中の名義変更等があったとしても、その時点で課税が生じないため、安易な考えのもと、自分以外の名義に変更してしまう人がいる。

　本契約については、契約上の名義が妻であっても、それは形式に過ぎないことを理解し、夫の契約として相続財産に計上すべきであった。

　銀行で生命保険の窓口販売が解禁となって以来、銀行は積極的に預貯金から投資信託または生命保険等への乗換えを提案している。しかし、相手が高齢者の場合、果たしてどこまで商品内容や効果を正しく理解しているのか、疑問に感じることも多い。

ぜひ銀行の担当者は、顧客ニーズに合った商品提案と、真の顧客ファーストを心掛けてほしいと思う。安易な考えは後日余計なトラブルを招き、最終的に顧客の心が離れることを肝に銘じ、提案してほしい。

　なお、平成30年1月1日から「生命保険の支払調書」が大幅に改正され、その記載項目が図表4のとおり変更になっている。従来の調書だと税務署も課税漏れを把握するのが困難であったが、改正により"ガラス張り"が一層進むことになるだろう。

図表4 平成30年1月1日以後の「生命保険の支払調書」の記載項目

『保険契約者等の異動に関する調書（契約者が死亡した場合）』	『保険契約者等の異動に関する調書（契約者が死亡する前に変更した場合）』
①変更後の契約者の氏名（法人名）、住所（法人の場合は本店所在地） ②変更前の契約者の氏名、住所 ③変更前の契約者の死亡日 ④契約変更日 ⑤変更に係る契約の解約返戻金額 ⑥契約に係る保険料総額 ⑦変更前の契約者が払い込んだ保険料金額	①元の契約者の氏名（法人名）、住所（法人の場合は本店所在地） ②変更前の契約者が払い込んだ保険料額 ③契約者変更が行われた回数

本事例から学ぶ 教訓

① 「相続財産＝被相続人名義の財産」ではなく、「真の所有者が誰か」で判断される。

② 生命保険は"出口課税"であり、入口である契約時や、契約途中の名義変更等があったとしても、その時点では課税が生じないため注意すること。

『税理士の助言を聞かなかった結果、名義預金と指摘され追徴税と延滞税を負担することに』

トラブルの経緯

　父が死亡した、享年85歳。相続人は母82歳、長女57歳、二女54歳の3人である（図表1）。

　被相続人名義の財産は自宅不動産と金融資産であり、金融資産だけ

図表1 親族関係図

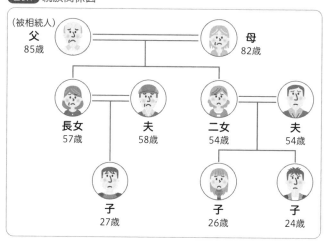

で相続税の基礎控除額【3,000万円＋（600万円×相続人3人）＝4,800万円】を超えていたため、税理士に依頼して相続税の申告を行った。

相続財産を調査する過程で、母が父名義を超える多額の金融資産を保有している事実が判明し、また、長女やその子、二女やその子にも父から相当な額の資金が流れていることも明らかになった。

形式的にも実質的にも生前贈与であると主張するには難しい状況だったため、「名義預金としてきちんと申告すべき」と税理士は助言したが、「父名義ではないので相続財産ではない」と主張する相続人との間でもめてしまった。

結局、税理士が依頼主である相続人の主張に従う形で父名義の財産だけ申告したところ、後日税務調査で名義預金を指摘される事態に。修正申告を求められ、過少申告加算税（追徴税）および延滞税等を含め、余計な税を負担することになってしまった。

■ どうすればよかったのか

「相続財産 ≠ 被相続人名義の財産」ではないことを理解すべきであった。（誤解を恐れずに言うと）「税務署は名義を気にしない、真の所有者が誰かによって判断する」と覚えておいたほうが無難であろう。

「母名義の預金は母のものだ」と主張するのであれば、資金源泉、取得した経緯等をきちんと示さなければならない。例えば、「母が実家から相続した」「夫から贈与してもらった」「自分で働いて貯めた」等に起因して蓄財したのであれば何ら問題ない。しかし、父が働いて得た給与の残りを長年母が自身名義で管理していたからといって贈与が成立するわけではなく、母は単なる家計基金の管理者に過ぎない。

　長女家族や二女家族の預金も同様であり、贈与行為がなければ、形式的に名義が長女や二女等になっているだけの父の預金である。相続財産は名義に関係なく「真の所有者が誰か」に照らしたうえで判断される。素直に税理士の助言に耳を傾け、当初から父の相続財産として申告すべきであった。

解　説

　相続財産を巡る課税当局とのトラブルで一番多いのは、いわゆる"名義預金"ではないだろうか。

　名義預金とは、"他人・架空名義預金""第三者名義預金"とも呼ばれ、真の権利者とは別の名義（例えば、配偶者や子、孫等）や存在しない名義で預けられている預貯金のことである。あくまで通帳等に印字されている名義は形式的なものに過ぎず、真の所有者は別にいる預金ともいえる。預け先の商品が株式であれば"名義株式"、保険であれば"名義保険"といわれることもある。

　名義預金は、金融機関から見たら"借名口座（借名預金）"であり、公に認められない違法取引である。そのため、預金保険制度の対象からも外されている。

贈与者と受贈者の意思確認が曖昧だと後日トラブルに

　課税当局から「名義預金である」と指摘を受ける預貯金の多くは、生前贈与の勘違いに起因するものがほとんどである。

　生前贈与は年間 110 万円までなら贈与税がかからないため、相続税対策として最も活用されている手法の一つであろう。贈与は民法549 条に規定されている（図表 2）。

　つまり、贈与は、贈与者の「あげる」という意思と、受贈者の「もらう」という意思が揃って初めて成立する「民法上の契約行為」である。ところが、贈与は夫婦や親子等親族間で行われることが多いため、この意思確認が曖昧となり、後日税務トラブルに陥るケースが後を絶たない。

　贈与する場合は、互いに贈与であることをしっかり認識し、"名義預金"や"借名口座"と疑われないよう十分注意しなければならない。

　例えば、図表3のケースに思い当たる節はないだろうか？

　(1) は、受贈者に贈与を受けた認識がないため、贈与が成立しない。

　(2) は、孫の名前を借りた祖母の取引である。

　(3) は、父が通帳と印鑑を管理しているため子は自由にお金を動かすことができず、贈与といえない。

　(4) は、娘の知らない預金は娘のものではない。

　(5) は、父が管理している父の預金である。

　贈与は簡単なゆえ、正しい知識を有したうえで取り組まないと、後々税務トラブルに発展してしまう可能性があるので注意してほしい。

図表2 民法549条

> 　贈与は、当事者の一方が自己の財産を無償で相手方に与える意思を表示し、相手方が受諾をすることによって、その効力を生ずる。

図表3 名義預金の可能性が疑われる行為

> (1)毎年子の口座へ110万円振り込んでいるが、子には特段何も言っていない。
> (2)祖母が孫名義の口座をこっそり開設し、孫名義で積み立てしている。
> (3)父が息子名義の通帳と印鑑を管理している。
> (4)娘は自分名義の定期預金があることを知らない。
> (5)娘名義の定期預金なのに、常に申込書は父の筆跡だ。

「自由な使用収益権」が確保されていないと NG

さて、事例に戻ろう。

父は 60 歳の定年（当時）まで貿易会社に勤務し、定年後も顧問の肩書で同社に籍を置き、死亡する前年まで給与を得ていた。家族の言葉を借りれば、「典型的な仕事人間」であり、家計の管理から子の教育まで、家庭のことはすべて妻である母に任せていたそうだ。

母は結婚後ずっと専業主婦で、婚姻前も働いたことはなかった。夫から毎月給与を全額受け取り、家計をやり繰りし、余ったお金を自分の名前で運用していた。「バブル期には 10 年で倍になった」と豪語していた。

長女は婚姻前の数年間会社勤めをした以外は専業主婦である。

二女は夫の扶養から外れない範囲内でパート勤務をしていたが、パート収入はすべて自らの趣味に費消していた。

母、長女、長女の子、二女、二女の子の預金通帳および印鑑はすべて母が管理していた。定期預金の満期手続きも、住所変更手続きもすべて母が行っていた。贈与税の基礎控除（現在は年 110 万円、平成 12 年までは 60 万円）を超えた額の金銭を動かしていた年もあったが、贈与税の申告納税を行ったことは一度もない。贈与契約書も存在しなかった。

母、長女、次女に多額の金融資産を貯めるほどの収入はなく、また長女と二女の配偶者の所得水準から考えても、長女および二女名義の金融資産は不自然な残高であった。資金源泉は間違いなく父である。

そもそも、贈与とは「あげる」ことであり、もらった人（受贈者）の「自由な使用収益権」が確保されていない場合はもらったことにならず、贈与が成立していないことになる。

以上、通帳や印鑑の管理といった①管理支配者基準、資金の出所である②資金原資、預金の③自由な使用収益権の確保に照らして考えると、本件は父の預金である以外に説明がつかない。つまり"名義預金"ということになる。

心情は理解できても名義預金であることは事実

今回、「名義預金だから相続財産として申告すべき」と税理士が助言したのに対し、それぞれの言い分は次のとおりであった。

〈母の主張〉

夫から「給与はすべてお前に渡すから家計のことは任せた。余ったら好きにしていいよ」と言われたのだから私のものだ。そもそも、家計をやり繰りし余裕資金を作ったのは私の功績である。しかも、元々運用に回した資金を倍にしたのは私の手腕であり、せめて利息分は私個人の財産としてみるべきではないか。

〈長女の主張〉

贈与税の非課税枠の範囲内で資金を動かしているのだから問題ないはず。私名義のお金は、私が若いときに働いて貯めたお金、夫から預かっている家計費、父からの贈与が混在しており、そのうちいくらが名義預金かなんて言われても計算できない。私名義の預貯金も父のものとして申告したいと言うなら、お任せするので好きなようにしてください。高い税理士報酬を支払っているのだから、勝手にやってちょうだい。

〈二女の主張〉

私名義の預金は私が幼少のときからの積み立てであり、その存在を私が知らないのは当たり前。私名義の分はパート収入を貯めたといえばいいのではないか。私には子が2人いるけど、姉は子が1人なので、

孫名義の預金も名義預金だと言われると、遺産を姉と均等に分けよう
と思ったら私の相続分が少なくなってしまう。それはおかしいでしょ。
そもそも時効なのでは？

　それぞれの気持ちを理解できなくもないが、だからといって正しい
ことをしているわけでもない。ある意味、知識がないほうが強いのか
もしれない。
　結果がすべてを物語っている。税理士の助言を素直に受け入れてい
れば、余計な税負担を回避できたのにと思うと残念である。

本事例から学ぶ 教訓

① 「相続財産 ≠ 被相続人名義の財産」であり、相続財産であるか否かは、名義の如何にかかわらず「真の所有者が誰か」に照らして判断しなければならない。
② ずさんな生前贈与は名義預金の温床となる。

『孫を養子になんかしなければよかった…』

トラブルの経緯

　父が死亡した、享年80歳。相続人は長男40歳と養子（長男の子）4歳の2人（図表1）。父が孫を養子にしたのは、相続人が長男1人しかいなかったためであり、相続対策の一環であった。

　遺言がなかったため、長男と孫養子の間で遺産分割を話し合わなければならないが、孫はまだ4歳であったため家庭裁判所へ未成年後

図表1 親族関係図

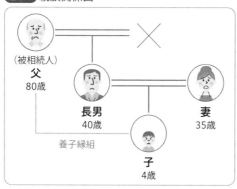

見人の選任を申し立てる必要があった。そこで、長男の妻を未成年後見人として推薦し申立てを行ったところ、未成年後見監督人として弁護士も選任され、家庭裁判所の関与により、当事者だけで自由に遺産分割することができなくなってしまった。

　結局、思いどおりの遺産分割にならず、さらに孫養子の相続税は2割加算され、孫が成年に達するまで自由に財産を動かすことができず、手続きや後見監督人へ支払う費用もかかるなど、相続人に負担がのしかかり、「本当に相続対策として有益だったのだろうか…」と後悔する羽目に陥ってしまった。

■どうすればよかったのか

　孫を養子にすることのメリット・デメリットを整理し、「デメリットを踏まえてもなおメリットが大きい」と判断できたうえで取り組むべきであった。

　相続税は、法定相続人が法定相続割合で相続財産を分割したと仮定して計算した額がその総額になるため、相続税の負担を軽減する方法の一つとして「養子により相続人を増やす」方法がある。相続税率は累進税率であり、相続人が1人増えただけで相当な額の税負担を軽減させる効果がある。しかも、養子縁組には即効性があるため、本件のように早期に結果を求める人には向いている。

　しかし、良いことばかりではない。例えば、代襲相続人ではない孫養子は相続税が2割加算され、相続人が増えることで遺産分割がもめてしまうリスクも高まる。

　また、今回のように養子が未成年だった場合の手続き負担についても考慮しておくべきであった。その対策として、せめて遺言書は作成

しておくべきだったと思う。

　なお、相続税を不当に減少させることを目的として行った養子縁組は相続税の計算上考慮しない、いわゆる「税養子」とみなされる可能性があることも知っておいてほしい（図表2）。

解　説

　父が孫を養子にしたのは相続が発生する1年前である。「元気で、長生き」と健康には自信があった父にガンが見つかり、急に相続を意識し始めたのがきっかけである。特に、父は「相続税の負担により先祖代々の土地が目減りしてしまうのだけは避けたい」と考え、即効性のある相続税対策を求めていた。

　父の相続財産評価額は約3億円、うち2億2,000万円が不動産、8,000万円が現金・金融資産であった。不動産は遊休化した郊外の土地がほとんどを占め、かろうじて収益を上げているパチンコ店の駐車場収入は、保有する土地全部の固定資産税の支払いに消える状態であった。

　当初アパート建築を考えたが、建築計画の立案から竣工までにかかる時間を父が嫌がり、また、長男も人口減少著しい郊外だったため反対し、別の方法を模索することとなった。

図表2 相続税法第63条

> （相続人の数に算入される養子の数の否認）
>
> 　養子の数を相続人の数に算入することが、<u>相続税の負担を不当に減少させる結果となると認められる</u>場合においては、税務署長は、相続税についての更正又は決定に際し、税務署長の認めるところにより、当該養子の数を当該相続人の数に算入しないで相続税の課税価格及び相続税額を計算することができる。

（下線は筆者）

　地元の銀行の担当者に相談したところ、「長男の子（孫）を養子にしたらどうか」と提案された。銀行の担当者が示した理由は、次のとおりである。

①相続税総額が 9,180 万円から 7,612 万円へ 1,568 万円軽減できる（未成年者控除は考慮せず）

②祖父から孫へ一つ世代を飛ばして財産を相続させることができる

③孫養子は相続税 2 割加算だが、2 回（祖父と父）の相続税負担を考えたら安い

④生命保険金の非課税枠が 500 万円から 1,000 万円に増える

⑤養子縁組手続き後、すぐに効果が出る

　確かに理由に間違いはない。相談者にとって魅力的な項目が並んでいる。ところが、当時孫は 3 歳であった。幼い孫を養子にするデメリットについて、銀行の担当者は説明していたのだろうか。相続人が覚えていたのはメリットばかりである。

実の両親が健在でも孫養子の親権者は養親

　孫と養親縁組するメリット・デメリットは図表 3 のとおりだ。「孫養子」が未成年の場合の落し穴は、「孫養子の親権者は養親（祖父）である」ということだ。実の両親が健在であっても、である。

　未成年者が契約行為を行う場合、親権者の同意が必要になるが、本件のような孫養子の場合、親権者とは養親（祖父）を指し、実の両親ではない。

　本件のように、養親たる祖父が死亡し孫養子が相続手続きを行わなければいけない場合、親権者不在の状態となるため、「未成年後見人」を立てなくてはならないのだ。繰り返すが、実の両親が健在であっても、だ。

本件、「子である長男」と「養子である孫」は利益相反の関係にあるため、たとえ長男が「僕が子の後見人になりたい」と希望し、希望どおり後見人になれたとしても、相続手続きを進めるためには別途孫養子の特別代理人が必要となる。つまり、相続手続きに関与する登場人物が増えるだけであり、長男が後見人になることはお勧めできない。

　では、長男の妻（実母）ならば後見人になれるのだろうか。結論から言うと、本件は実母が後見人として認められた。ただし、同時に未成年後見監督人として弁護士が選任された。夫婦は同体であるとして、実母が後見人として認められないケースもあるようだ。それは、財産規模や財産内容、後見監督人の有無等、案件ごとに個別に判断されるようである。

相続財産を後見制度支援信託に預けるよう指示されることも

　事務手続きを進めるうえで一番苦労したことは、実母の理解を得る

図表3 養子縁組のメリットとデメリット

メリット（長所）	デメリット（短所）
①相続税の基礎控除額が増える	①（代襲相続人ではない孫の場合）相続税が2割加算される
②生命保険金の非課税枠が増える	②相続人が増えることで争族の懸念が増す
③相続税総額が軽減できる	③（孫が未成年の場合）未成年後見人もしくは特別代理人を選任しなければならない
④一つ世代を飛ばすことができる	④（財産額等によっては）後見制度支援信託の利用を促される
⑤他の相続人の相続割合を少なくすることができる	⑤「税養子」とみなされるおそれがある
⑥他の相続人の遺留分を少なくすることができる	⑥登場人物の増加により事務手続き（負担）が増す
⑦即効性がある	⑦税法上、養子の人数には制限がある

ことであった。というのも、実母からしたら「自分が産んだ子なのに
なぜ後見人にならないといけないのか」理解に苦しむところであり、
経緯を含め、税務や法律等、順を追って何度も説明した。選任された
後、戸籍謄本の孫の欄に【母】として実母名が、【未成年後見人】と
しても実母名が記載されており、そこでも「意味不明」と言われてし
まった（筆者のせいではないのだが…）。

　その他、詳細は割愛するが、孫養子が未成年時に養親が死亡した場
合の注意点を図表4にまとめたので参考にしてほしい。

　孫との養子縁組が相続対策になるのは事実であるが、お客さまに提
案する場合、表面上のメリットだけを強調するのではなく、実際に相
続が発生した場合の注意点もきちんと説明し、比較検討のうえ判断す
るよう促してほしい。

　なお、本事例は、どこかのタイミングで裁判所の許可を得て、祖父
と孫養子の死後離縁手続きを行おうと考えている。死後離縁とは、普

図表4 孫養子が未成年の場合の注意点

①未成年後見人を身内と専門職の2人にし、未成年者の身上監護と財産管理を別の後見人が行うよう家庭裁判所から指示される場合がある。

②相続した財産額によっては、家庭裁判所から、未成年者が相続した財産を信託銀行の（未成年）後見制度支援信託に預けるよう指示される場合がある。

③後見制度支援信託に財産を預ける場合でも、信託契約の締結は専門職である未成年後見監督人が行う。

④後見制度支援信託に財産を預けると、原則として未成年者が成人に達するまで自由に財産を使えない状態となる。

⑤未成年後見人は毎年未成年後見監督人を通じ家庭裁判所へ未成年者の財産目録を提出しなければならない。

⑥未成年後見監督人がついた場合、専門職である未成年後見監督人（弁護士等）へ報酬を支払わなければならない。

⑦未成年後見を避けるべく、養親と「死後離縁」を行う手もあるが、祖父の相続税対策だけを目的とした養子縁組、つまり「税養子」とみなされる可能性があるので慎重対応が必要。

通養子縁組をした親子（養親と養子の関係）において、どちらかが死亡した場合、生存している側から親族としての関係を終了させるための制度のことである。許可が下りれば、実の両親に親権が戻ることになる。

> **本事例から学ぶ 教訓**
>
> ① 孫養子が未成年のときに養親が死亡した場合、手続き負担が増すので注意すること。
>
> ② 相続対策は、メリットとデメリット、両方を天秤にかけたうえで実行可否を判断すること。

『アパート建築で相続税は安くなったものの分割が困難に』

トラブルの経緯

　父の財産は、自宅と遊休地、金融資産。母は若くしてガンで死亡しているため、相続人は息子3人である（図表1）。

　あるとき、銀行の担当者がハウスメーカーの担当者と一緒にやって来て、アパート建築を勧められた。アパートを建てれば、現在2,460

図表1 親族関係図

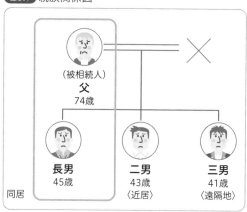

万円の相続税が半分以下になると言う。「それはいい」と父は遊休地にアパートを建築することにした。

数年後、父が死亡した、享年74歳。長男は父と同居、二男も実家近くに居を構えていたが、三男は遠方で暮らしていた。

遺言がなかったので、兄弟3人で遺産分割を話し合うことになった。長男は「今まで暮らしてきた実家が欲しい」と言い、二男は「借入金を背負うのでアパートが欲しい」と言い、三男は「不動産はいらないが、均等に3分の1欲しい」と言う。現物で分割したい長男・二男と、均等に分けられないなら現金化止むなしの三男との間で意見が分かれ、もめてしまった。

どうすればよかったのか

アパートを建てることが正解だったのだろうか？ 相続税だけを考えれば、正解だったかもしれない。しかし、相続対策は「節税」だけでなく、「遺産分割対策」や「納税資金の確保」も併せて考えなければならない。

アパートを建てなければ相続税の負担は2,460万円と重いままだったが、金融資産が5,000万円もあるので十分払えたし、遊休地が更地のままであれば二男と三男が分筆し半分ずつ相続することもできた。もちろん売却も容易であった。

アパートを建てる前に、そのあたりの事情について息子たちとよく話し合っておくべきであった。実際に相続税を払うのは息子たちであり、その息子たちが「税負担が重くても更地のままにしておいてほしい」と言うのなら、借金してアパートを建築する必要はなかったであろう。アパートを建築しなくても、節税する方法はいくらでもある。

父が遺言を作成し、遺産分割を指定しておく手もあった。例えば、全財産を長男に相続させたうえで、長男から二男と三男へそれぞれ代償金として金 5,000 万円ずつ払うなどの方法もあった。代償分割[*1]であれば、長男の責任と負担で、不動産を売却するのか、現物を交付するのか、それとも相続人 3 人全員の合意のもと遺言を破棄し遺産分割するのか、いくらでも選択肢があった。

解　説

　銀行の担当者とハウスメーカーの担当者の提案は次のとおりである。

- ●平成 27 年から相続税の基礎控除額が大幅に引き下げられ相続税が増税になっている
- ●配偶者に先立たれている場合、配偶者の税額軽減[*3]が使えないため、相続税の負担が重くなる
- ●遊休地のままだと固定資産税の負担が重い
- ●収益を生まない不動産は資産ではない
- ●借金してアパートを建てれば、相続税が安くなるうえ、安定的に収益を得ることができる
- ●父が自ら相続対策をしてくれれば息子たちはきっと喜ぶはず

　確かに、意識して近所を歩いてみると、アパートがドンドン建っている。「遊休地の固定資産税が最近高くなったな」と感じていたこともあり、「相続税が安くなるなら」と父はアパート新築を決断した。

　銀行の試算によれば、元々の相続税課税価格は 2 億円、相続税総額は 2,460 万円だったが、遊休地にアパートを建てたことにより、相続税の課税価格が 8,800 万円、相続税総額が 450 万円と、相続税

を4分の1以下にできる。そのうえ、今まで年間50万円の固定資産税の持ち出しだった収支が、毎月10万円のプラスになり、父は「建てて良かった」と実感していた。

しかし、息子たちはあまり喜んでいない。むしろ、「余計なことをしてくれた」と思っている。

一度2,460万円もの相続税を払った後に、「実は450万円でいいよ」と言われればアパート建築のありがたみがわかるが、相続対策の「そ」の字もわからない息子たちにとって450万円は大金であり、高い税金を払わされ、かつ兄弟で分けることもできない財産の形にし、「一体父は何をしたかったんだ」となっている。

不動産所得が生じると国民健康保険料も上がる

借入金（債務）も相続財産である。借入金は「可分債務*12」であり、遺産分割することなく、相続発生と同時に法定割合で相続人が承継す

図表2 対策前後の課税価格と相続税の比較

(単位：万円)

	建築前 相続税評価額	建築後	備考
自宅	5,000	5,000	小規模宅地等の特例は考慮せず
金融資産	5,000	1,000	アパート建築資金に4,000使用
遊休地	10,000	4,000	10,000×貸家建付地80%×小規模宅地等の特例50%
アパート	—	2,800	工事費8,000万円×固定資産税評価率50%×貸家70%
借入金	—	▲4,000	
課税価格	20,000	8,800	
相続税総額	2,460	450	

ると考えるのだ。仮に父が遺言書で「借入金は全額二男に相続する」と遺したとしても、債権者である銀行は、事前に相談なく作成された遺言であれば、その遺言に縛られず、相続人全員へ法定相続割合に応じた債務の弁済を請求することができる。

　アパートを建てたため、今まで年金暮らしだった父に不動産所得が生じ、国民健康保険料（後期高齢者医療制度）や介護保険料が上がってしまうことにも注意してほしい。

　不動産を売却したときの価格についても注意が必要だ。更地であれば1億2,000万円で売却できる土地があったとする。そこに工事費8,000万円のアパートを建築したら2億円で売れると勘違いしている人が多い。場所や築年数、稼働率（空室率）にもよるが、入居者付のままアパートを売却（このことを「居抜き」という）した場合、更地より安い価格でしか売れないことが多いことを覚えておいてほしい。アパート等収益物件の場合、「利回り」物件として収益還元法で評価されるからである。かけた工事費が単純に土地に上乗せされて高く売れるわけではないのだ。

資産価値は下落しているのに相続税負担は重い！？

　アパートの実力が出るのは「築10年を超えてから」と言われる。新築から築浅の時代は、余程のことがない限り入居者確保に困ることはない。その時点で空室が多い場合、そもそも建ててはいけない場所だったと考えるほうが自然だ。

　築年数の経過とともに空室が増えていく。空室がある状態で相続が発生した場合、空室部分は「貸家建付地」も「貸家」の評価減も適用を受けることができないので、相続税の負担が重くなる。一方、空室の多いアパートの資産価値は低く、安くしか売れない。つまり、「空

室が増える＝資産価値が下落している」にも関わらず、相続税法上の評価減の適用を受けることができず、相続税の負担が重くなるのだ。

満室であれば資産価値は高く、高く売れる。しかも、空室がない状態で相続が発生すると、「貸家建付地」も「貸家」の評価減もフルに適用を受けることができるため、相続税は安い。つまり、「満室＝資産価値が高い」にも関わらず、相続税法上の評価減の適用をフルに受けることができるため、相続税の負担が軽くなるのだ。

この問題は以前から税理士より指摘されており、毎年税制改正の時期になると話題となる。いずれ、何らかの改正があるかもしれない。

本格的な人口減少時代に突入し、入居者確保が重要なテーマになる中、「建てること」が目的となっていないか、よく検討してほしい。「建てること」は手段の一つであり、目的ではないのだから。

「相続が発生するまでは父の財産なのだから、父の好きにしたらいい」「いちいち相続人の意向なんか気にしなくていい」のか、「相続税を払うのは息子たちなのだから、息子たちの意向を確認しながら進めるべき」「親子一緒に検討すべき」なのか、人それぞれ意見は異なると思うが、どちらにしても相続対策は家族で考えるべきテーマであることをしっかり認識して取り組んでほしい。

本事例から学ぶ教訓

① 入居者付のままアパートを売却した場合、更地より安い価格でしか売れないことが多い。

② 空室部分は、相続税法上の評価減の適用が受けられないため、その分相続税の負担が重くなる。

第 **3** 章

納税資金・
その他
の
トラブル事例

	納税資金・その他				
	＋生前贈与	＋遺言	＋不動産	＋生命保険	＋その他
トラブル・ケース 21 ▶P.164〜171			●		ローン
トラブル・ケース 22 ▶P.172〜179		●		●	自社株
トラブル・ケース 23 ▶P.180〜187		●			介護／病気

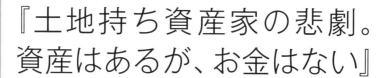

トラブルの経緯

　先祖代々の地主である父は、自身の相続により大事な土地が失われてしまうことを恐れていた。そこで、銀行から借入れを行い、所有する土地に賃貸物件を建て、大事な土地を減らすことなく次世代に承継できるよう対策を講じていた。父の代で建てた賃貸物件の数はアパート3棟、マンション1棟にのぼる。

　平成27年、父より先に母が死亡し、その後、母を追うように父も死亡した。相続人は長女と長男、二女の3名であった（図表1）。

　父の相続税評価額は債務控除後で5億円、相続税総額は1億2,980

図表1 親族関係図

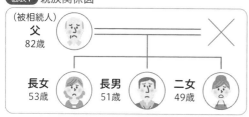

万円であった。ところが、父の財産に現金や金融資産はほとんどなく、財産の過半が不動産だったため、相続税納税資金を作る必要があった。しかし、自宅以外の不動産にはすべて借入金の担保が付されており、残債も残っていたため、売却できたとしてもその代金を満額納税資金に使用できるわけではなく、相続税申告期限までに納税資金を作るのに大変苦労した。

　結局、子どもたちは賃貸物件を安く売却せざるを得ず、「先祖代々の土地を減らさない」という大義を果たすことはできなかった。

■ どうすればよかったのか

　父は相続税の節税ばかりに目が行き、納税資金のことを考えていなかった。地主にありがちな「うちの土地は良い土地だからいつでも高く売れる」と思っていたのかもしれない。

　相続対策は相続税だけの問題ではなく、①遺産分割対策、②相続税納税資金の確保、③相続税の負担軽減の3本柱をバランス良く講じなければならない。

　特に、「資産（土地）はあるが、お金がない」土地持ち資産家の相続対策は、②納税資金の確保にもっと注意を払う必要がある。ところが、「相続税のために自分たちの代で先祖代々の土地を減らしてしまったら、あの世で先祖に会わせる顔がない」と、節税ばかりに意識が向いてしまっている地主も多い。

　また、融資残高を増やしたい銀行等金融機関にとって、地主は最も提案しやすい先の一つであり、相続対策と称して積極的に賃貸物件の建築を推奨している。その結果、保有土地のすべてに何らかの賃貸物件が建っている状態の地主も多い。

賃貸物件の建築によりたとえ相続税が半減したとしても、ゼロにできない以上、納税資金を用意しなければいけない現実と向き合いながら対策を講じるべきであった。

解　説

　父の先祖は代々農業を営んでいたが、父の時代に保有する田畑一帯の宅地化が急速に進み、それに伴い農業が副業化し、不動産賃貸が主業となった。父は、市役所を定年退職した後、実家の財産管理に従事してきた。

　父が家業に従事する前から貸家（家作*¹⁹）4軒と駐車場はあったが、田畑の多くは遊休化しており、家庭菜園の延長程度しか耕作していなかったため、固定資産税等を支払うために貸家や駐車場がある状態であった。

　さかのぼること20年前、父が顧問税理士に相談したところ、保有する財産の相続税評価額は10億円、配偶者の税額軽減前の相続税総額は3億1,150万円、先に父が死亡した場合の相続税は1億5,575万円とのことであった（当時）。

　当時保有していた金融資産は約1,000万円しかなく、生命保険も終身部分は200万円しかなかったため、相続が発生した場合「土地を売却して支払うしか方法がない」ことが明るみになった。父は、「私のせいで大事な土地が減ってしまったら先祖に会わせる顔がない」と、そこから積極的に相続税の節税に走り出した。

　相続税対策として借入金で賃貸物件を建築する方法は、多くの地主が採用している相続税節税の定石であり、数字だけ見れば、相続税評価額は10億円→5億円と半減し、相続税も配偶者の税額軽減後だと

1億5,575万円→5,275万円（税制改正後だと5,963万円）と約3分の1に減らすことに成功している（図表2）。

　このまま順調に賃貸事業が推移し貯蓄が増えていけば、相続税の節税と納税資金の確保を両立させることができたかもしれないが、いくつかの誤算が生じてしまった。

借入金の返済が進むと債務控除効果は薄れる

　①まず、先に妻が死亡したことだ。妻は専従者給与として父から毎年100万円もらっていたが、それはすべて家計費として費消しており、妻の財産は贈与税の配偶者控除を活用して贈与された自宅の2分の1だけであった。その評価額は1,000万円で、相続税はかからなかった。

　②次に、賃貸物件と借入金の関係である。借金して賃貸物件を建築した場合、相続税のことだけを考えたら、節税効果が一番高いのは「建築後すぐに死亡する」ことである。借入金は年数が経つと減っていく。特に昨今の低金利環境だと元本返済がドンドン進んでいく。事業の安定性の観点からは喜ばしい事態であるが、相続税対策としては債務控

図表2 相続対策前と後の比較

	相続対策前	相続対策後（見込み）	実際
相続税評価額	10億円	5億円	5億円
概算相続税総額	3億1,150万円	1億550万円	1億2,980万円
配偶者の税額軽減後の相続税総額	1億5,575万円	5,275万円	活用できず
保有土地の状況	一部貸家と駐車場がある以外は更地	自宅以外はすべて賃貸物件あり	自宅以外はすべて賃貸物件あり
賃貸事業の状況			空室が目立つ

除効果が薄れてしまうため痛し痒しだ。父の賃貸物件も築10年から20年の物件が多く、当初よりかなり債務残高は少なくなっていた。

③父に貯蓄が貯まらなかった理由の一つに二女の存在が挙げられる。二女は未婚のため実家で両親と同居していたが、定職に就かず、割と浪費癖があり、父が遊興費を含め生活の面倒を見ていた。本来将来の相続税に備え貯蓄すべきところ、これではお金が貯まるはずがない。

④また、賃貸物件の更新投資を怠っていたのも問題だ。賃貸物件の本当の実力が出るのは築10年を超えてからである。築浅の時代は入居者の確保に困ることはなく、また設備等も新しいため特段投資の必要もない。

ところが、築10年を超えたあたりから、「新しい」という肩書が外れ、建物や設備の魅力、家賃水準、管理の具合、評判等により「勝ち組」と「負け組」が出てきてしまう。

事業収支に余裕がある築浅の時代に将来に備え貯蓄していればまだしも、二女のために貯蓄ができなかった父は、「負け組」コースにのってしまっていた。

父が何もしなかった10年の間に、周辺で複数の賃貸物件が建築されていた。父の物件は駅徒歩14分だったが、新築物件のほとんどは駅徒歩10分以内。駅近物件のほうが人気が出るのは当たり前であり、入居者はそちらに流れてしまった。

さらに追い打ちをかけるように、築年数の経過とともに設備等が劣化し、ただでさえ時代遅れの設備なのに新しくするお金がなかったため見劣りし、外観の見栄えも悪くなり、家賃は上がらず、いったん入居者が退去するとなかなか次の入居者が見つからず、稼働率を上げるために家賃を引き下げざるを得ず、それを見た既存入居者が契約更新

時に家賃の引下げを求め…という悪循環が止まらなかった。

⑤さらに悪いことが重なり、隣の駅にあった大学が都心へ移転してしまった。建築当時から移転の噂があったのだが、それは「あくまで噂に過ぎない」と父は受け流していた。しかし、建築してから10年後、本当に大学が都心回帰の一環で移転してしまった。跡地は大手不動産会社による分譲用の宅地として開発され、学生中心の街からファミリー層の街へと環境が変わり、「借りるより買ったほうが安い」と、取得する人が増えてしまったのだ。

資金化を試みるも、様々な制約がネックに

以上のような原因により入居者の確保に苦戦し、相続発生時にはかなり空室が目立つ状態であった。何とか収入と経費が釣り合っていたが、貯蓄できる収支状態ではなかった。

しかも、「どうせ空室なら」と、親戚に相場の半分程度の家賃で貸している部屋もあり、身内の甘さで賃貸借契約が存在せず、非常に杜撰な運営状態であった。

このような状態だったが、相続税を納めるため何とか資金化しなければならない。任意売却と同時に物納[20]の可能性も探ったが、自宅以外の不動産には担保権（抵当権）が付されており、しかも親戚との間で賃貸借契約を締結しておらず、敷金返還債務がある等の事由により、時間的制約を受ける中、物納は諦めざるを得なかった。

残された道は任意売却である。入居者がいる状態のまま賃貸物件を売却する場合、利回り物件として査定されることになる。購入者は投資物件として魅力的かどうかで判断する。つまり、「利回りが高い物件＝価格が安い物件」が好まれるため、高く売りたい売主としてはつらい立場だ。

しかも、相続税申告期限までに資金化する必要がある、いわゆる"デッドラインが決まっている売却活動"である。交渉事は時間を担保に取られると弱い。買主に足元を見られ、低く指値を入れられ、時間的に余裕があるときならまだしも、申告期限が迫っている状況だと背に腹は代えられないと相手の条件を呑まざるを得なくなる。

　父の実家は代々長男が土地を継ぎ、婚姻し実家を出る子はその際にまとまった財産をもらうことでもめ事を回避していた。そもそも子どもたちの仲は良く、遺産分割対策の必要はなかった。

　であれば、長期的視点に立ち、節税と納税資金のバランスに配慮した堅実な対策を講じるべきであった。いつでもストレスなく売却できる遊休地も必要だし、生前に売却し資金化しておく手もあった。

　また、富裕層・資産家の課税強化には逆らえないため、保有不動産に優先順位をつけておくことも重要だ。万一の場合、順位の低い不動産から売却する"割切り"も持つべきである。

　目先の節税ばかりに目が行き、大事な土地を二束三文で手放すことになった家族の心の痛みは決して小さくないと思う。

本事例から学ぶ 教訓	① 土地持ち資産家は、納税資金の確保に注力すべき。節税に成功しても、相続税を払えなければ意味がない。 ② 建物は必ず経年劣化していく。賃貸物件の実力は築10年を超えてからと心得て、堅実な事業計画を心掛けるべき。

『遺産分割には配慮したものの納税対策がおろそかに』

トラブルの経緯

　父の家族は妻と子2人（長女、長男）（図表1）。5年前、父は75歳になったのを機に自身が経営する会社の社長の座を長男へ譲り、同社の相談役に就任した。

　社長を交代する際、父が「将来相続でもめないように」と公正証書遺言を作成した。遺言内容は、「長男に会社関係の財産をすべて相続させ、自宅は妻へ、アパートや金融資産は長女へ、それぞれ相続させる」内容であった（図表2）。

図表1 親族関係図

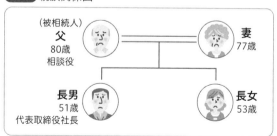

父が80歳で死亡し、遺言に基づき遺産を分割したところ、妻は「配偶者の税額軽減の特例*3」の適用を受けることができたため相続税はかからず、長女は相続した金融資産で相続税を納税することができたが、長男は自社株と会社本社が建つ土地、会社への貸付金しか相続していないため、相続税納税資金が不足してしまった。そこで、「遺産分割を再考してほしい」と長女に申し入れたところ、「父の"遺志"を無視するのか」と争いになってしまった。

どうすればよかったのか

本件は、遺言による遺産分割対策しか頭になく、相続税納税資金のことを考えなかったために長男が困り、その結果生じたトラブルである。

相続する財産は不動産や自社株、金融資産等色々でも、税金は現金で納付することが原則であることを忘れてはいけない。特に、自社株や会社本社が建つ土地等は、いくら納税のためと言っても自由に売却することができない財産であり、注意が必要である。

図表2　財産の明細

父の財産	遺言で指定された相続人	相続税評価
①自宅	妻	4,000万円
②自社株	長男	10,000万円
③会社の本社が建つ土地	長男	3,000万円
④会社への貸付金	長男	2,000万円
⑤アパート	長女	3,000万円
⑥金融資産	長女	2,000万円
合　計		24,000万円

遺言作成前に「どれくらい相続税がかかるのか」を把握し、同時に「各相続人が払えるのかどうか」も検証すべきであった。

その結果、長男の相続税納税資金が不足していることが判明したのなら、その額に見合う①父が死亡した際、会社から長男へ死亡退職金が支給されるよう会社が役員保険等に加入しておく、②父が「受取人＝長男」と指定した終身保険に加入しておく、③長男にも流動性・換金性の高い金融資産を相続させる、等の手が打てたであろう。そうすれば、長男は納税資金に困らず、遺言書どおりに手続きを終えることができ、余計な争いに発展しなかったのではないだろうか。

解　説

相続対策には、①遺産分割対策（争族対策）、②相続税納税資金の確保、③相続税対策（節税）の3つがあり、この3つをバランス良く検討することが重要である。相続対策というと、節税のことだと勘違いしている人も多い。

そんな中、会社を経営していた父が、残される妻の生活の安定と、会社を承継している長男と会社に関与していない長女の余計な争いを回避すべく遺言を作成（＝遺産分割対策）してくれたことは、相続人全員にとって大変ありがたい話である。何も対策を講じることなく突然相続が発生してしまったら、イチから相続人全員で遺産分割を話し合わなければならず、相続する財産額の大小でもめ、場合によっては会社の運営に支障をきたしていたかもしれない。

実は、父が遺言を作成したきっかけを作ったのは顧問税理士の助言であった。「相続により自社株が分散し、会社を承継した長男の経営権が不安定になってしまった他社の例もあるので、元気なうちに遺言

書を作成しておくべき」と助言してくれたのだ。

遺言内容として、まず、経営する会社の株式（自社株）、会社本社が建っている土地、会社への貸付金はすべて後継者である長男に相続させることにした。

妻は長年会社の経理として働き、受け取った給与のほとんどを貯蓄していたため、かなりの金融資産を有していた（本トラブル事例とは関係ないが、資産を夫婦で分けて保有しておくことは、相続対策として上手いやり方である）。さらに、父が死亡すれば遺族年金も支給されるので、自宅だけ確保しておけば大丈夫であろうと考えた。

嫁いだ長女には、会社に関係ないアパートや金融資産を相続させることにした。

具体的に遺言書を作成するに際し、自筆証書遺言だと紛失や管理等の懸念があることから公正証書遺言にした。また、相続手続きがスムーズに進むよう顧問税理士に遺言執行者をお願いした。

ところで、税理士は税金の専門家であり、遺産分割等民法にその根拠がある相続そのものは本来守備範囲外である。にも関わらず、遺言作成を提案してくれたこの顧問税理士は気が利いている、といえよう。

しかし、相続対策の観点から考えると、もう一歩踏み込んだ提案・助言が欲しかった。少なくとも、自分の専門分野である相続税について、「いくらなのか」「納税資金は足りているのか」「各相続人は払えるのか」等にも言及してほしかった。遺言執行者を快諾したのであれば、確実に相続発生後の手続きにも関与するわけであり、なおさら踏み込んだ提案・助言が欲しいところであった。

遺言どおりではない分割も可能だが…

なお、法的に有効な遺言書があったとしても、相続人全員が合意す

れば（遺言に代えて）遺産分割することも可能である。しかし、その場合は遺言執行者の同意が必要であるため、遺言者の遺志を尊重し、遺言内容を実現する立場である遺言執行者が難色を示すケースも多い。過去、「遺言者の意向を無視した遺産分割は無効」の判決もあり、相続人が希望するからといって、すぐに同意してしまっては、遺言執行者が義務違反に問われてしまう可能性もある。

　また、本件のように、1人でも同意しない相続人がいた場合、遺産分割協議は成立せず、遺言に基づいた分割となる。

　さらに、仮に遺産分割協議が成立したとしても、一度遺言に基づいて名義変更等の相続手続きをしてしまった後に遺産分割協議が成立したのであれば、遺産分割のやり直しとみなされてしまい、余計な税金が発生する可能性がある。というのも、法的に遺産分割のやり直しは可能でも、税務的には遺産分割のやり直しは相続による分割ではなく、贈与または交換とみなされ、贈与税や譲渡税がかかってしまう場合があるからだ。

　本事例に戻ろう。結局、長男は「老後のために」と貯めていた金融資産を取り崩し、さらに不足分は会社から借りる形で相続税納税資金を捻出した。たまたま会社の業績が良く、長男自身も若かったため、これからの頑張りで取り戻そうと考えたからだ。長男固有の財産がなく、また会社の業績も芳しくなかったら…と思うと、ゾッとする。

資産に見合ったお金があるか

　長年相続の現場で見てきて、会社経営者や地主には、「資産はあるが、お金がない」方が多いと感じている。会社経営者や地主は、自社株や不動産といった資産はたくさん保有していても、それに見合ったお金を持ち合わせていない方が少なくない。

例えば、会社経営者は、会社を承継する長男へ自社株等会社関係の財産を集中させたいと考えるので、長男が相続する財産が多くなり、不公平な遺産分割となるケースが多い。その結果争族に発展するのだが、本件のように遺言を作成しておけば、とりあえず遺産分割の膠着状態を避けることができる。しかし、長男に相続させる会社関係の財産に見合う現金を相続させなかったり、そもそも現金が少なかったりすると、せっかく争族を回避できても、長男が納税に困ってしまうことになる。「ない袖は振れない」と開き直る前に、どうすればよいかを真剣に考えるべきであろう。

また、地主の場合、家督相続的な考え方により長男へ大半の土地を相続させたいと考える人が多く、しかも先祖代々の土地は手放してはいけないと精神的な縛りもあるため、長男が納税に困ることになる。

平成27年の基礎控除額引下げにより「大相続時代」が到来し、節税や争族対策のセミナーや書籍はよく目にするが、納税に警笛を鳴らしているものは少ない。ぜひ、①遺産分割対策、②納税資金の確保、③相続税対策の3つをバランス良く検討してほしいと思う。

本事例から学ぶ教訓

① 相続人全員が同意すれば遺言どおりではない分割も可能だが、1人でも同意しなければ遺言に基づいた分割になる。
② 「長男に土地のほとんどを相続させたい」「先祖代々の土地は手放してはいけない」と考える地主の場合、長男が納税に苦労する。

遺言執行者の権限の明確化

　現行民法1015条では「遺言執行者は、相続人の代理人とみなす」と定められており、条文からは「遺言執行者は相続人の代理人として、相続人のために働く」ことが読み取れる。

　一方、最高裁は昭和30年5月10日の判決で、「遺言執行者の任務は、遺言者の真実の意思を実現するにあるから、民法1015条が、遺言執行者は相続人の代理人とみなす旨規定しているからといって、必ずしも相続人の利益のためにのみ行為すべき責務を負うものとは解されない」と判示した。

　つまり、「遺言執行者は、遺言者の意思を実現することを職務とする者であり、遺言者のために働くべき」と示したことになる。

　遺言執行者が定められている遺言について遺留分が請求された場合（当時は「遺留分減殺請求」）、「遺言者の意思」と「相続人の利益」が対立することになる。例えば「全財産長男に相続してほしい」と父が希望しているのに、二男が長男を相手に遺留分権を行使してくるケースだ。

　この場合、遺言執行者は、民法上二男の代理人として遺産を取り戻さなければならない反面、最高裁は遺言者である父の希望を尊重しろといっており、条文と判例どちらを尊重すべきか、立場が不明確な状態であった。

　そこで、平成30年7月6日に成立（平成30年7月13日公布）した「民法及び家事事件手続法の一部を改正する法律」により、遺言執行者の権限を明確にする改正が行われた（令和元年7月1日施行）。

　改正後民法第1012条「遺言執行者は、<u>遺言の内容を実現するため</u>、相続財産の管理その他遺言の執行に必要な一切の行為をする権利義務を有する」（下線は筆者）

　この改正により、遺留分侵害額請求権が行使され、「遺言者の意思」と「相

続人の利益」が対立する場合であっても、遺言執行者は「遺言者の意思」を実現することを優先する立場が明確になった。

第1章 遺産分割のトラブル事例

第2章 相続税対策のトラブル事例

第3章 納税資金・その他のトラブル事例

『難病の進行前に対策を講じたものの、不完全で発動せず』

トラブルの経緯

　Aさんは独身、68歳。障がいを抱えた兄と2人で暮らしている。そのAさんが体調を崩し診察を受けたところ、「筋萎縮性側索硬化症（ALS）」と診断された。

　Aさんがまず心配したのは、自分のことより兄のことだった。兄は日常のことは何とか1人でできるが、お金の管理や難しい契約等を理解するのは難しい。自分がいなくなったら、誰が兄を支えるのか…。

　そこで、取引のある銀行に相談し、相続に詳しい税理士の紹介を受け、今後何が問題になるのか、今のうちに何をしておいたほうがよいか、相談したところ、「判断能力が衰えた場合に備え、任意後見制度*21 を利用し、かつ万一に備え遺言書も作成しておいたほうがよい」と助言された。

　早速税理士から紹介を受けた司法書士に依頼し、もう1人の兄（二男）を後見人候補とした任意後見契約を締結し、同時に公正証書遺言も作成した。

Aさんの病状が悪化し、病院のベッドから動けなくなったため、兄（二男）に任意後見の開始を要請したところ、Aさんに判断能力の衰えがないことを理由に、家庭裁判所から開始が認められなかった。

しかし、現実問題として生活にはお金がかかる。こうならないようにと任意後見契約を締結し、公正証書遺言も作成したのに、何でこんなことになってしまったのか、Aさんは途方に暮れている。

どうすればよかったのか

身体の自由が利かなくなった場合の対応、②判断能力が衰えた場合の対応、③相続が発生した後の対応、それぞれのステージに沿った対策を検討すべきであった（図表1）。

同時に、今できること、やっておいたほうがよいこと、注意点などを整理し、障がいがある兄の生活設計を含めて検討すべきであった。

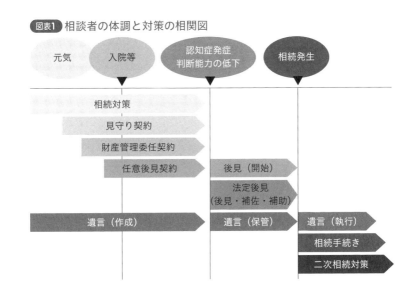

図表1 相談者の体調と対策の相関図

例えば、①身体の自由が利かなくなった場合の対応として、「財産管理委任契約*22」の締結が考えられた。信頼できる人との間で同契約を締結すれば、都度の委任状発行等の面倒から解放され、合法的に受任者がAさんの財産管理を行うことが可能になる。

　②判断能力が衰えた場合の対応としては、「任意後見契約」の活用でよかった。また、③相続が発生した後の対応としても、「遺言」の作成でよかった。つまり、本件は、判断能力が衰える前の状態に対する備えがなかったために生じたトラブルであった。

　病気やケガの程度や症状については、相続相談とは直接関係ないことかもしれないが、相談に応じた税理士が「これで本当に大丈夫だろうか」と、もっと多面的な視野を持って調べておけば回避できたトラブルだったと思う。

解　説

　Aさんは、病院でALSと診断され、目の前が真っ暗になった。Aさんは独身であり、治療を続けるにしても、日ごろ面倒をみてくれる家族がいない。それに加え、障がいを有している兄がいる。

　Aさんは4人兄弟の末っ子であり、上に兄が3人いた。つまり、Aさんが死亡した場合の相続人は兄3人である（図表2）。

　一番上の兄（長男）は、妻と離婚した後音信不通であり、風の便りで生活保護を受け暮らしていると聞いている。二番目の兄（二男）は世帯を有し、家族は妻と子2人である。三番目の兄（三男）が障がいを抱え、Aさんと一緒に暮らしている。

　Aさんの両親が死亡した際、Aさんが三男の面倒をみる約束で、実家や金融資産のほとんどを相続していた。Aさん自身、定年まで勤め

たため、自身の退職金を含め、保有している金融資産だけで 7,000
万円ある。ただし、金融資産のうち 4,000 万円は三男名義となって
いた。

　「筋萎縮性側索硬化症（ALS）」とは、手足・のど・舌などの筋肉が
痩せて力がなくなっていく一方、体の感覚、視力や聴力、内臓機能な
どはすべて保たれる病気で、難病として特定疾患に指定されている。
つまり、A さんは身体の自由が奪われていく一方、判断能力はなかな
か衰えない病気にかかってしまったのだ。

　後見制度は、判断能力が衰えた場合に開始される制度である。将来

図表2 Aさんの親族関係図

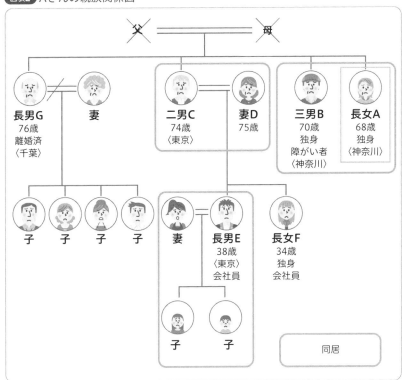

後見人になってほしいと希望する人がいる場合、元気なうちに任意後見制度を活用し、その人を後見人候補者として登録しておくことができる。特段候補者がいないのであれば、判断能力が衰えた際、親族等周囲の人に法定後見を申し立ててもらえばよい。

A さんが締結した任意後見契約は、たとえ身体の自由が利かなくなっても、判断能力に衰えがない限り開始されない。つまり、身体が動かなくなっても自ら財産管理や契約行為を行わなければならないのだ。

二男を後見人候補とした財産管理委任契約が必要

本事例の相談に応じた場合、まず考えなければいけないのは「今」であり、相続後のことではない。「今どうすべきか」を考えたうえで、残される遺族のことを考えた相続対策に着手する流れになる。

まず、身体が不自由な状態になった場合に備え、「財産管理委任契約」を検討すべきであった。例えば、二男は世帯を有し、子も 2 人いるため、後見人候補者を兄（二男）とし、万一兄（二男）が A さんより先に死亡してしまった場合に備え、予備的な後見人候補者として二男の子を選任しておけばよい。その際、将来自宅等不動産を売却する可能性があるなら、金融資産の管理だけでなく、不動産の管理や処分も委任する行為に追加しておけばよい。その他、【委託者＝ A さん、受託者＝兄（二男）、受益者＝ A さん→ A さん死亡後兄（三男）】とした民事信託を活用する手もあっただろう。

次に、A さんの判断能力が衰えた場合の備えとしては「任意後見制度」でよいと思う。内容は「財産管理委任契約」とほぼ同じで構わないだろう。

そして、相続発生後の備えである。

相続対策には、①遺産分割対策（争族対策）、②相続税納税資金の確保、③相続税対策（節税）の 3 つがある。

タイムリミットを意識しているか？

相続対策を立案・実行するに当たり、筆者が重要視しているのは「時間」である。相談者がまだ若く、20 年かけてじっくり対策を実行していけばよいのか、それとも高齢者で、すぐに対策を実行しないといけないのかによって、対策（案）は異なってくるからだ。もちろん、本件のように「体調」という要因により対策を急ぐ案件もあるので、一概に年齢だけで判断してはいけない。

また、相談者が「今どのステージにいるのか」も重要だ。体調が悪ければ難しい話についていけない可能性もあるし、判断能力が衰えている場合、相続対策そのものを講じることが困難なケースもあるからである（図表 1）。

まず遺産分割対策について考えてみよう。独身である A さんの相続人は現状兄 3 人だが、皆高齢のため、兄の子が代襲相続人となる可能性もある。どちらにしても、兄弟姉妹、甥姪には遺留分減殺請求*10 権がないので、遺言作成は有効な遺産分割対策となる。この場合、自筆証書遺言ではなく、公正証書遺言をお勧めしたい。遺言書の紛失や偽造、内容に関する法的間違いがあってはならないからだ。

次に納税資金の確保である。A さんの財産は金融資産 7,000 万円と自宅 3,000 万円の合計 1 億円である。同居親族である三男が自宅土地を相続することにより、小規模宅地等の特例「特定居住用宅地等*2」の適用を受けることができ、土地評価額が 8 割減額されるが、将来自宅を処分する可能性もあるので、特例による減額を考慮せず、相続財産評価額 1 億円として試算した。兄 3 人が相続人の場合の相

続税総額は 756 万円である。甥や姪が相続人となった場合、最多相続人数は 7 人まで増え、相続税総額は 336 万円となる。兄弟姉妹、甥姪が相続する場合、相続税額が 2 割加算されるが、この試算結果は加算後の金額である。今後医療費や生活費等で資産が目減りしていき、また三男には障がい者控除もあり、葬儀費用の債務控除等まで考えると、実際はもっと少なくなるであろう。A さんはすでに 7,000 万円も金融資産を保有しているため、納税資金は問題なしと判断した。

　しかし、三男名義になっている金融資産 4,000 万円は「名義預金*11」であり、真の所有者は A さんにあることに注意が必要だ。できることなら今にうちに正しい名義に戻しておいたほうが、後々課税当局との余計なトラブルを回避することができるだろう。

　また、元本が毀損する可能性があるような商品（有価証券、投資信託等）や自由に資金化できない（解約に制限が付されている）商品（仕組債、仕組預金等）、複雑な運用商品（外貨建て、為替等）での運用は控えるべきだ。儲からなくても、安全、確実、流動性の高い預貯金で十分と考える。

　最後に節税だが、前述のとおり、そもそも納税額が少なく、親族を含め、今の時点で将来の相続税節税に真剣に向き合う状況でもないだろうから、落ち着いてから考えてもよいと思う。生命保険の非課税枠が現在 1,500 万円あるので、加入できる商品があれば、金融資産のうち 1,500 万円を一時払い終身保険にし、受取人を三男と指定しておけば、節税と金融資産凍結による当座の資金確保に役立つだろう。

　（良し悪しは別にして）現在二男が長女のキャッシュカードを使い、必要な都度お金を引き出しているが、キャッシュカードで引き出せるお金にも限界がある。今のうちに自宅を売却し、現金中心の生活にしていこうという案も出ているが、自分では動けないのでどうすること

もできない。このときに備え、任意後見契約を結び、公正証書遺言も作成したのに、その両方が日の目を見るのはまだ先であり、初動のミスを取り返すべく、Aさんは現在対策を急いでいる。

<table>
<tr><td>本事例から学ぶ
教訓</td><td>① 相続相談は、常に「今どのステージにいるか」を踏まえたうえで助言しなければならない。
② ステージごとに必要となる対策の種類と使い方を把握しておくべき</td></tr>
</table>

用語解説

[1] 代償分割　特定の相続人が特定の相続財産を相続したうえで、他の相続人へ別の財産（例えば金銭等）を分け与える遺産分割方法のこと。遺産が分割困難な財産の場合に活用される（例：長男が預貯金を全部相続したうえで、二男へその半分に相当する財産を交付する）。

[2] 小規模宅地等の特例　被相続人の自宅や事業に供していた土地等について、一定の要件の下、その評価額を 80% または 50% 減額できる特例制度のこと。自宅であれば「特定居住用宅地等」として最大 330㎡まで 80% 減額、アパート等であれば「貸付事業用宅地等」として最大 200㎡まで 50% 減額できる。

[3] 配偶者の税額軽減　被相続人の配偶者が遺産分割等により財産を取得した場合、一定の要件の下、次の①と②のどちらか多い金額まで相続税がかからない制度のこと。
　　①1 億 6,000 万円
　　②配偶者の法定相続分

[4] 空き家の譲渡所得の 3,000 万円特別控除　相続または遺贈により取得した被相続人居住用家屋およびその敷地等を、平成 28 年 4 月 1 日から令和 9 年 12 月 31 日までの間に譲渡し、一定の要件に当てはまるとき、譲渡所得の金額から最高 3,000 万円まで控除することができる制度のこと。令和 5 年度税制改正により、適用期限が令和 9 年 12 月 31 日まで 4 年間延長された。

[5] 取得費加算の特例　相続により取得した土地、建物、株式などを、相続税申告期限から 3 年以内に譲渡した場合、支払相続税額のうち一定金額を「譲渡資産の取得費」に加算することができる制度のこと。この特例を活用することにより、譲渡所得税等の負担が軽減される。

[6] 教育資金の一括贈与に係る贈与税非課税措置（教育資金の一括贈与）　祖父母等から 30 歳未満の子や孫等へ教育資金として金銭を贈与した場合、子や孫 1 人につき 1,500 万円を限度として贈与税が非課税になる制度のこと。令和 5 年度の税制改正により、適用期限が令和 8 年 3 月 31 日まで 3 年間延長された。

[7] 相続開始前 3 年以内の贈与財産持戻し　相続または遺贈により財産を取得した人が、被相続人から相続開始前 3 年以内に贈与を受けていた場合、その人の相続税の課税価格に贈与された財産を贈与当時の価額で加算して相続税を計算すること。令和 5 年度税制改正により、令和 6 年 1 月 1 日以後に行われる贈与から加算される期間が 7 年間に延長されることになった。ただし、加算される期間は毎年 1 年ずつ延長されていくため、実際に 7 年間加算されるのは令和 13 年 1 月 1 日以後に開始した相続からになる。

[8] 特別受益　相続人が被相続人から生前に生計の資本として贈与を受けていたり、遺贈により財産をもらったり、特別の利益を得ている場合の利益のこと。財産の前渡しと考えるとわかりやすい。

[9] 遺留分　一定の範囲の法定相続人に認められる、最低限の遺産取得分のこと。

[10] 遺留分減殺請求　遺留分を侵害されている相続人が、遺留分を侵害している受遺者等に対し、その侵害額を請求すること。平成 30 年の民法（相続法）改正により、令和元年 7 月 1 日から遺留分侵害額請求と改正された。

[11] 名義預金	真の権利者とは別の名義（例えば、配偶者や子、孫等本人以外の名義）を借りて、または存在しない名義で預けている預貯金のこと。「他人・架空名義預金」「借名口座」「借名預金」ともいう。
[12] 可分債務	借金のように、内容を分割して給付することができる債務のこと。被相続人が有していた金銭債務（借金）は、遺産分割の対象とならず、相続開始と同時に、法律上当然に相続分に応じて分割承継される。（最高裁判例、昭和34年6月19日）
[13] 寄与分	被相続人の生前、その財産の維持や増加に多大な貢献（特別な寄与）をした相続人がいる場合、その相続人の相続分を他の相続人より多くし、不公平を是正する制度のこと。
[14] 民法特例の固定合意	同族会社株式の価格を推定相続人全員の合意時の評価額で固定して、遺留分対象の財産に含めること。将来この株式価値が上昇しても、後継者以外の相続人の遺留分が増大することはない。
[15] 持戻し免除	相続分を算定する基礎財産を決定するにあたって、被相続人から相続人への一定の贈与等を考慮しないよう遺言等で意思表示しておく制度のこと。
[16] 超過特別受益	生前、被相続人から法定相続分よりも多くの生前贈与または遺贈を受けていること。原則として超過特別受益者はその超過分を他の相続人に返還する必要はないとされているが、その超過特別受益が他の相続人の遺留分を侵害しているような場合は、他の相続人からの遺留分減殺請求を受ける可能性がある。
[17] 実効税率	租税法で定められている税率（表面税率）ではなく、実際に計算された結果に基づく税率または負担率のこと。
[18] 使用貸借	当事者の一方（借主）が無償で使用および収益をした後に返還をすることを約して相手方（貸主）からある物を受け取ることを内容とする契約のこと。使用貸借契約については、借地借家法が適用されない。
[19] 家作	人に貸して収益をあげるためにつくった家、貸し家のこと。
[20] 物納	相続税について、金銭または延納によって納付することが困難な場合、不動産等の現物で納めることができる制度のこと。
[21] 任意後見制度	本人が判断能力を有しているうちに、将来認知症等で自己の判断能力が不十分になったときに備え、公正証書で後見する人（任意後見人）を指定しておく制度のこと。
[22] 財産管理委任契約	正常な判断能力がある場合に、自分の財産の管理やその他の生活上の事務の全部または一部を他人へ依頼する契約のこと。

①配偶者の税額軽減を最大限に活用する場合

（単位：万円）

課税価格の合計額	法定相続人の数						
	配偶者のみ	配偶者と子ども1人	配偶者と子ども2人	配偶者と子ども3人	子ども1人	子ども2人	子ども3人
4,000万円	0	0	0	0	40	0	0
5,000万円	0	0	0	0	160	80	20
6,000万円	0	0	0	0	310	180	120
7,000万円	0	0	0	0	480	320	220
8,000万円	0	0	0	0	680	470	330
9,000万円	0	0	0	0	920	620	480
1億0,000万円	0	0	0	0	1,220	770	630
1億2,000万円	0	0	0	0	1,820	1,160	930
1億4,000万円	0	0	0	0	2,460	1,560	1,240
1億6,000万円	0	0	0	0	3,260	2,140	1,640
1億8,000万円	0	305	245	221	4,060	2,740	2,040
2億0,000万円	0	668	540	487	4,860	3,340	2,460
2億2,000万円	0	1,075	873	787	5,660	3,940	3,060
2億4,000万円	0	1,514	1,234	1,117	6,480	4,540	3,660
2億6,000万円	0	2,047	1,662	1,493	7,380	5,320	4,260
2億8,000万円	0	2,623	2,152	1,920	8,280	6,120	4,860
3億0,000万円	0	3,230	2,670	2,371	9,180	6,920	5,460
3億2,000万円	0	3,860	3,210	2,840	10,080	7,720	6,060

相続税の税額速算表

法定相続人の取得金額（A）	税率（B）	速算控除額（C）
1,000万円以下	10%	—
1,000万円超～3,000万円以下	15%	50万円
3,000万円超～5,000万円以下	20%	200万円
5,000万円超～1億以下	30%	700万円
1億超～2億以下	40%	1,700万円
2億超～3億以下	45%	2,700万円
3億超～6億以下	50%	4,200万円
6億超～	55%	7,200万円

②配偶者が法定相続分まで財産を取得した場合

(単位：万円)

課税価格の合計額	法定相続人の数						
	配偶者のみ	配偶者と子ども1人	配偶者と子ども2人	配偶者と子ども3人	子ども1人	子ども2人	子ども3人
4,000万円	0	0	0	0	40	0	0
5,000万円	0	40	10	0	160	80	20
6,000万円	0	90	60	30	310	180	120
7,000万円	0	160	113	80	480	320	220
8,000万円	0	235	175	138	680	470	330
9,000万円	0	310	240	200	920	620	480
1億0,000万円	0	385	315	263	1,220	770	630
1億2,000万円	0	580	480	403	1,820	1,160	930
1億4,000万円	0	780	655	578	2,460	1,560	1,240
1億6,000万円	0	1,070	860	768	3,260	2,140	1,640
1億8,000万円	0	1,370	1,100	993	4,060	2,740	2,040
2億0,000万円	0	1,670	1,350	1,218	4,860	3,340	2,460
2億2,000万円	0	1,970	1,600	1,443	5,660	3,940	3,060
2億4,000万円	0	2,270	1,850	1,675	6,480	4,540	3,660
2億6,000万円	0	2,660	2,160	1,940	7,380	5,320	4,260
2億8,000万円	0	3,060	2,510	2,240	8,280	6,120	4,860
3億0,000万円	0	3,460	2,860	2,540	9,180	6,920	5,460
3億2,000万円	0	3,860	3,210	2,840	10,080	7,720	6,060
3億5,000万円	0	4,460	3,735	3,290	11,500	8,920	6,980
4億0,000万円	0	5,460	4,610	4,155	14,000	10,920	8,980
4億5,000万円	0	6,480	5,493	5,030	16,500	12,960	10,980
5億0,000万円	0	7,605	6,555	5,963	19,000	15,210	12,980
6億0,000万円	0	9,855	8,680	7,838	24,000	19,710	16,980
7億0,000万円	0	12,250	10,870	9,885	29,320	24,500	21,240

(注) 1. 子どもはいずれも成人に達しているものとする。
　　 2. 1万円未満は切り上げて計算している。
　　 3. 「課税価格」は基礎控除額を控除する前の金額。
　　 4. 配偶者の税額軽減を適用するものとして計算している。

〔著者紹介〕

吉澤 諭（よしざわ・さとし）

住友信託銀行、独立系コンサルティング会社、あおぞら銀行で相続対策・事業承継・遺言・不動産等の業務に従事し、2014 年 4 月株式会社吉澤相続事務所設立。現在までに講師を務めたセミナー・研修は約 1,500 回、セミナー出席者は延べ 26,000 名。携わった個別相続案件 4,300 件超。
〈保有資格〉1 級ファイナンシャル・プランニング技能士、社会保険労務士、宅地建物取引士、相続診断士等。

本書は、『Financial Adviser』誌に連載された「その相続案件、大丈夫？～トラブル事例から学ぶ、もめない遺し方～」（2017 年 4 月号～2018 年 3 月号）と、同誌 2018 年冬号に掲載された記事を加筆・再編集したものです。改訂新版では、その内容をアップデートし、最新情報を加えて刊行しました。

〈改訂新版〉
トラブル事例で学ぶ
失敗しない相続対策

平成 31 年 2 月 27 日　　　初版発行
令和 5 年 9 月 20 日　　　改訂新版発行（通算 5 刷）

著　者―――吉澤 諭
発行者―――楠 真一郎
発　行―――株式会社近代セールス社
　　　　　　〒 165-0026
　　　　　　東京都中野区新井 2-10-11
　　　　　　ヤシマ 1804 ビル 4 階
　　　　　　電話　03-6866-7586
　　　　　　FAX　03-6866-7596
装　丁―――松田 陽
印刷・製本――壮光舎印刷株式会社
編集担当―――川﨑寛隆（初版）

ISBN 978-4-7650-2385-6